最新決定版!!

この実力講師・講演家
200人情報源

三楽舎プロダクション編

三楽舎

はじめに

　企業や団体はいろいろな行事、イベント、研修や各種の会などに招く「よい講演者、よい講師」を常に探し求めて苦心されております。

　そうした担当者にお話を伺いますと、みなさん求めるテーマに合う講師を探すのが大変だ、予算やテーマやタイミングのマッチングをはかることで難航する。さらに、毎回、同じテーマや同じ講師で開催するということが許されないことから常にあたらしい講師、講演者を探さなければならない、時代に合ったテーマの講師を探さなければならない等々で苦労されています。

　このため、常に日本中のセミナーに自ら参加しながら、講師、講演者を探している事務局担当者、研修担当者、総務部の方々もおられます。

　『この実力講師・講演家 200 人情報源』は、日頃おつき合いのあるこうした事務局担当者、研修担当者、企業の総務部・人事部・教育担当者、さらにはセミナー会社の方たちの生の声から生まれました。

　この 10 数年でこのような書籍のかたちの講師の名鑑は消え、全てネットに変わっていきました。

　しかしながら、本で開けばすぐに見ることのできることは、やはり使いやすいというお声もたくさんいただいておりました。

　そこで、選りすぐりの講師、講演家を集めてあえて本というかたちで作りました。

　9 つのジャンルに分け、項目は現代にマッチした内容となっております。

各分野の講師は実績の高い方から、これから大きく期待される旬の新しい講師など選りすぐりの方々です。

　時代は大きく動いており、AI、IoTや働き方改革など、これまでにはなかった分野の講師もたくさん掲載し、もういっぽう、そうした時代の変化で求められる生き方や心の分野の講師やイベントなどの際に喜ばれる講師も掲載しました。

　本書は、"情報源"の名の通り、以下のような項目で情報整理をしております。

　まず、各講師の氏名に読み仮名をふり、肩書、生年月日のほか出身地の情報も掲載してありますので、ご当地の講師選びなどにご活用いただけるようになっております。

　アピールポイントでは、経歴や専門分野や講師の人となりがわかるようになっています。その他、時間と料金の目安、講演テーマ、最近のテーマ、主な依頼先、マスコミほか主な活動、著書名、必要機材、連絡先、といった項目により情報を掲載しております。

　本書により、イベント、行事や各種の会を主催される担当者さまと講師、講演者の先生方とのよき出会いが生まれ、開催される催しが成功され、そこでの参加者に気づきや勇気や励ましやその他の何らかの良き影響がもたらされ、社会によき循環がもたらされる一助となりましたら幸いです。

「講師名鑑」編集部一同

本書の使い方

講師の探し方

◆ 本書はジャンルを以下の9つに分けています。

政治・経済	経営・ビジネス	科学・先端技術
働き方	ライフプラン・生活	生き方・心
教育	医療・福祉	文化・芸能

まずは、対象ジャンルのページに入って講師の項目をお読みください。

なお、各ページを開いたページ右側にジャンル名を記載しておりますので、そこから対象ジャンルを探すことが可能です。

◆ ジャンルの分類は便宜的なものとなりますので、講師によりましては、多岐にわたるテーマで講演ができる方も多いため、各講師の「講演テーマ」「最近のテーマ」「アピールポイント」をはじめとする情報を熟読されますことをお勧めいたします。

◆ 人名から探す場合は、巻末の【五十音順人名検索】が便利です。

各項目について

◆【アピールポイント】では講師の経歴や、現在の活動の概要を知ることができます。

◆【時間と料金の目安】料金は目安となっておりますので個別に各講師の連絡先にて、催しの趣旨や時間と料金について確認いただくことをお勧めいたします。

◆【講演テーマ】はこれまで最も多く依頼されてきたテーマの把握にお役立てください。

◆【最近のテーマ】講師の中には幅広いテーマでの講演が可能な方も多くおります。
依頼された比較的新しいテーマの情報を把握するのに参考にしてください。
また、テーマ内容については、ここに記載がないものでも可能となる場合があります。
アイデア段階でも相談をされてみることをお勧めいたします。

◆【主な依頼先】講師にこれまでの依頼のあった主催者の業界、機関、団体、企業等の情報となっております。

本書の使い方

◆**【マスコミほか主な活動】** 講師のテレビ出演、ラジオ出演や雑誌、新聞等での掲載や政府委員等の活動の情報です。

◆**【著書名】** 講師の著書の情報です。講師によりましてはスペースにおさまらない程の多くの著書がある場合がございます。
その場合は講師本人に記載いただいた著書名のみ掲載しております。

◆**【必要機材】** 講演時にご用意していただきたい機材の情報です。

◆**【連絡先】** 講師への相談や依頼の窓口の情報です。

※講師連絡先とは別に、本書を刊行いたしました三楽舎プロダクションとなっている方も多く弊社にて調整役もやらせていただきます。

◆掲載にあたりましては基本的には各ジャンルごとに講師名の五十音順となっておりますが、編集の都合上、一部五十音順ではない並び順となっている箇所もございます。

記載内容について

◆本データは 2017 ～ 2019 年にかけてとりまとめたデータです。刊行時の 2019 年 5 月現在の最新のものです。

―――――― 編集部からのお願い ――――――

本書をお買いあげいただきありがとうございます。
内容には確かな情報性を期しておりますが、データは時間とともに変わっていきます。
今後のために記述内容の間違いなどがございましたら、お知らせください。

さらなる講師陣をそろえた第二弾のためにも、情報をお寄せいただけましたら幸いです。

「こんな内容で講演できる方を載せてほしい」
「自分も講師として活躍をしたい」
「この前聴いた講演がよかったので推薦したい」などご意見ご希望をお寄せください。

▎連絡先

〒170-0005
東京都豊島区南大塚3-53-2　大塚タウンビル3階
(株)三楽舎プロダクション　「講師名鑑」編集部あて
電話 03-5957-7783　　fax 03-5957-7784
Mail hk@sanrakusha.jp

目次＆ジャンル別索引

ジャンル別索引

政治・経済

足立基浩	22
池田整治	22
小川晃平	23
兼田龍洋	23
中野寛成	24
橋本久義	24
林久美子	25
原田武夫	25
渡辺　実	26

経営・ビジネス

市村よしなり	28
伊藤康子	30
大橋直矢	30
小田純也	31
荻原順子	32
倉渕栄生	34
斎藤元有輝	35

目次&ジャンル別索引

清水　豊	35
甚川浩志	36
新屋敷辰美	36
菅原智美	37
菅谷信一	37
関根典子	38
田尾和俊	38
髙橋秀仁	39
竹原信夫	39
谷 厚志	40
タック川本	44
田矢信二	44
藤間秋男	45
鳥巣智嗣	46
中田仁之	48
西田淑子	52
二宮恵理子	52
野澤直人	53
パラダイス山元	53
福田剛大	54

目次＆ジャンル別索引

プロギャンブラーのぶき ……………………………………… 54

本多志保 ……………………………………………………… 55

三根早苗 ……………………………………………………… 55

樋口智香子 …………………………………………………… 56

茂木久美子 …………………………………………………… 58

望月　優 ……………………………………………………… 59

本山千恵 ……………………………………………………… 60

八巻理恵 ……………………………………………………… 61

渡邉英理奈 …………………………………………………… 61

森　透匡 ……………………………………………………… 62

科学・先端技術

明松真司 ……………………………………………………… 68

池谷裕二 ……………………………………………………… 68

井﨑武士 ……………………………………………………… 69

伊藤博之 ……………………………………………………… 69

大畠崇央 ……………………………………………………… 70

巣籠悠輔 ……………………………………………………… 70

谷田優也 ……………………………………………………… 71

目次&ジャンル別索引

野村直之 …………………………………………… 71

山崎秀夫 …………………………………………… 72

山田誠二 …………………………………………… 72

働き方

新井セラ …………………………………………… 74

磯輪吉宏 …………………………………………… 74

一之瀬幸生 ………………………………………… 75

伊藤伸也 …………………………………………… 75

今井久美子 ………………………………………… 76

大高智佳子 ………………………………………… 76

大塚万紀子 ………………………………………… 77

大西友美子 ………………………………………… 77

大畑愼護 …………………………………………… 78

小野真一郎 ………………………………………… 78

風間正彦 …………………………………………… 79

片岡正美 …………………………………………… 79

川本孝宜 …………………………………………… 80

北場好美 …………………………………………… 80

目次＆ジャンル別索引

木村知佐子 …………………………………… 81

工藤真由美 …………………………………… 81

小室淑恵 ……………………………………… 82

小山佐知子 …………………………………… 82

近藤由香 ……………………………………… 83

柴田佐織 ……………………………………… 83

白河桃子 ……………………………………… 84

瀬地山 角 …………………………………… 84

園田博美 ……………………………………… 85

髙橋理理子 …………………………………… 85

高原祥子 ……………………………………… 86

高安千穂 ……………………………………… 86

田川拓麿 ……………………………………… 87

瀧井智美 ……………………………………… 87

滝沢雄太 ……………………………………… 88

田村優実 ……………………………………… 88

永田瑠奈 ……………………………………… 89

新島　哲 ……………………………………… 89

二瓶美紀子 …………………………………… 90

浜田紗織 ……………………………………… 90

目次＆ジャンル別索引

比嘉華奈江 ……………………………… 91

平間由紀子 ……………………………… 91

藤原千晶 ………………………………… 92

星野　宏 ………………………………… 92

堀江咲智子 ……………………………… 93

前野隆司 ………………………………… 93

松尾羽衣子 ……………………………… 94

松久晃士 ………………………………… 94

丸山紀美代 ……………………………… 95

宮﨑結花 ………………………………… 95

村上健太 ………………………………… 96

山下清徳 ………………………………… 96

山下典明 ………………………………… 97

横田幸恵 ………………………………… 97

横山真衣 ………………………………… 98

吉田拓真 ………………………………… 98

目次＆ジャンル別索引

ライフプラン・生活

有賀照枝	100
生島清身	100
生駒雅司	101
石田　祐	101
上野啓樹	102
宇佐美吉司	102
川上あきこ	103
越野かおる	103
佐川京子	104
佐藤隆嗣	104
佐藤亮介	105
讃岐峰子	105
上東丙唆祥	106
田頭孝志	106
高杉 'Jay' 二郎	107
出口アヤ	107
戸内順一	108
豊田剛士	108

目次＆ジャンル別索引

西上逸揮 ……………………………………… 109

番匠智香子 …………………………………… 109

藤岡聖子 ……………………………………… 110

目代純平 ……………………………………… 110

八倉巻恭子 …………………………………… 111

安本貴子 ……………………………………… 111

山田芳照 ……………………………………… 112

横尾将臣 ……………………………………… 112

吉田真理子 …………………………………… 113

生き方・心

歩りえこ ……………………………………… 116

荒井　陵 ……………………………………… 116

安藤俊介 ……………………………………… 117

池内ひろ美 …………………………………… 117

石尾　潤 ……………………………………… 118

出雲阿国 ……………………………………… 118

岩崎順子 ……………………………………… 119

エド・はるみ ………………………………… 119

目次＆ジャンル別索引

川口菜旺子	120
河末正子	121
くどうみやこ	121
ケン・ハラクマ	122
森有希子	122
小林敏之	123
角田龍平	124
瀬川文子	124
髙田尚恵	125
たけだバーベキュー	125
竹森現紗	126
道志真弓	126
中島正明	127
奈佐誠司	127
にしだかなこ	128
野崎友璃香	128
秦　明雄	129
林　忠之	129
毛利公一	130
森田美佐子	130
山水治夫	131

目次&ジャンル別索引

教育

- 石川幸夫 …………………………………… 134
- 金谷俊一郎 ………………………………… 134
- 河合　敦 …………………………………… 135
- 小林　孝 …………………………………… 135
- 管野淳一 …………………………………… 136
- 小林秀敏 …………………………………… 138
- 鈴木　颯 …………………………………… 138
- 藤原和博 …………………………………… 139
- 松居　和 …………………………………… 139
- 松井達治 …………………………………… 140
- 矢萩邦彦 …………………………………… 142
- 良本光代 …………………………………… 142
- 和田秀樹 …………………………………… 143

医療・福祉

- かたおかのぶえ …………………………… 146
- 鎌倉誠恵 …………………………………… 146

目次＆ジャンル別索引

篠浦伸禎 …………………………………… 147

西川礼華 …………………………………… 147

加藤正広 …………………………………… 148

坂本良行 …………………………………… 150

長谷川基裕 ………………………………… 152

肘井博行 …………………………………… 152

村上菜美子 ………………………………… 153

メイミ ……………………………………… 153

吉野敏明 …………………………………… 154

文化・芸能

上阪　徹 …………………………………… 156

江戸家まねき猫 …………………………… 156

神田山緑 …………………………………… 157

久ちゃん（永田久） ……………………… 157

小暮　剛 …………………………………… 158

チャーリィ古庄 …………………………… 159

広部俊明 …………………………………… 159

目次＆ジャンル別索引

福本　淳 …………………………………………… 160

丸山貴史 …………………………………………… 160

山口由美 …………………………………………… 161

友紀 ………………………………………………… 161

本間貴史 …………………………………………… 162

横澤和也 …………………………………………… 164

吉田ルナ …………………………………………… 164

ルビー・L ………………………………………… 165

湯川れい子 ………………………………………… 166

政治・経済

政治・経済

足立基浩（あだち・もとひろ）
まちづくり経済学者・和歌山大学副学長
株式会社よしもとクリエイティブ・エージェンシー

●アピールポイント／自ら商店主さんらと共に汗を流し、商店街活性化、人が集う町づくりを日夜、模索している実践者が町の魅力づくり、都市再生について語ります。
慶應義塾大学経済学部卒業 朝日新聞社記者を経て、1994年ロンドン大学 SOAS校ディプロマ、1995年ケンブリッジ大学土地経済学研究科修士号(MPhil)
●1968年10月29日生まれ　東京都出身

時間と料金の目安／その都度、相談による

■講演テーマ／みちづくりとまちづくり・都市活性化

■最近のテーマ／みちづくりとまちづくり・都市活性化
■主な依頼先／官公庁、商工会議所、一般企業、地方行政など
■マスコミほか主な活動／ytv「あさパラ」、テレビ和歌山「@テレ和歌ニューススタイル」、和歌山放送ラジオ「経済ジャーナル」、NHK 和歌山 FM 放送局「パワーステーション」にレギュラー出演中
■著書名／『シャッター通り再生計画』（ミネルヴァ書房）

■連絡先／〒160-0022
東京都新宿区新宿5丁目18-21
電話　03-3209-8271
FAX　03-3209-8272
mail　omakase@yoshimoto.co.jp
URL　www.yoshimoto.co.jp

池田整治（いけだ・せいじ）
真実の語り部、作家
東藝術倶楽部顧問、美し国副代表

●アピールポイント／北朝鮮危機、オウム事件等に自衛官で唯一対処した体験から独自に社会の真相を分析。
●1955年3月22日生まれ　愛媛県愛南町出身

時間と料金の目安／その都度、相談による

■講演テーマ／本当のことを知れば生き方が変わる…ヤマトごころ復活　マインドコントロールを解こう！歴史再考

■最近のテーマ／今日本はどこに向かっているのか？　世界が変貌する中で準備すべきことは
■主な依頼先／自立支援団体
■マスコミほか主な活動／空手道マガジン「JKFAN」に「我が日本を憂う」連載
■著書名／「マインドコントロール」シリーズ「転生会議」（ビジネス社）、「超マインドコントロール」シリーズ（マガジンハウス）、「原発と陰謀」（講談社）、「心の旅路」「なかったことに出来ない話」（新日本文芸社）、「脱・洗脳支配」（徳間書店）、「ついに来たプラズマ・アセンションの時」「目ざめよヤマト魂たちよ、地球最後の戦いが待ってるぞ!」(ヒカルランド)、「今、国をまもるということ」(PHP)、「親米派・親中派」の嘘（ワニブックス）、「日月神示悪のご用とマインドコントロール」（ヒカルランド）、「重大なる真実」（ヒカルランド）、「離間工作の罠」（ビジネス社）、「この国を操り奪う者たち」（ヒカルランド）、「日米関係のタブーと世界金融支配体制」（文芸社）、「1000年先の地球のために」（ナチュラルスピリット）等

■連絡先／〒170-0005
東京都豊島区南大塚3-53-2　大塚タウンビル3階
（株）三楽舎プロダクション
TEL 03-5957-7783
FAX 03-5957-7784
mail hk@sanrakusha.jp

小川晃平(おがわ・こうへい)……… 起業家、ソフトウェアエンジニア
株式会社VALU代表取締役

● アピールポイント／仮想通貨・ブロックチェーンの専門家で、専門的な知識だけでなく実務経験も保持している貴重な存在。
● 1986年7月7日生まれ　埼玉県上尾市出身

時間と料金の目安／1.5時間　10万円

■講演テーマ／新しい資本主義について、仮想通貨・ブロックチェーンの今後

■最近のテーマ／多種多様な仮想通貨の実態
■主な依頼先／企業、銀行、協会、大学
■マスコミほか主な活動／・TED「新しい資本について」というタイトルで「信用」と「経済」の関係について、
・FORBESJAPAN VALU、再び表舞台へ――彼らが目指す信用経済のあり方、資本主義のその先
・FastGrow VALUは救世主か破壊者か？ 開発者・小川晃平インタビュー
・日本経済新聞「VALU、個人の価値を売買 SNSが信用経済を形成」
・「VALU、コロプラ元副社長の千葉氏が出資」

■連絡先／〒170-0005
東京都豊島区南大塚3-53-2　大塚タウンビル3階
(株)三楽舎プロダクション
TEL 03-5957-7783
FAX 03-5957-7784
mail hk@sanrakusha.jp

兼田龍洋(かねだ・たつひろ)……… 前市議会議員、NPO法人理事
くらすめーと株式会社代表取締役

● アピールポイント／地域でお金を生む自立支援型イベント企画運営等のプロデュースを行っています。
● 1976年8月15日生まれ　広島県大竹市出身

時間と料金の目安／主催者の予算次第による

■講演テーマ／地域まちづくり、マーケティング

■最近のテーマ／地域まちづくり、マーケティング
■主な依頼先／企業、各種団体
■マスコミほか主な活動／JCOM「トップの言魂」番組出演
■著書名／『人の行動で地域が変わる！～価値創造の発想法』

■連絡先／〒170-0005
東京都豊島区南大塚3-53-2　大塚タウンビル3階
(株)三楽舎プロダクション
TEL 03-5957-7783
FAX 03-5957-7784
mail hk@sanrakusha.jp

政治・経済

中野寛成（なかの・かんせい）
元国務大臣・元国家公安委員長
株式会社よしもとクリエイティブ・エージェンシー

- ●アピールポイント／民主党政権時、国務大臣、国家公安委員長を務めた、広い見識の持ち主
- ● 25歳で豊中市市議に初当選。以後、地方議員、国会議員（衆議院議員 11期）として42年間政治に携わり、二大政党制実現に大きな役割を果たす。
- ● 1940年11月26日生まれ　長崎県出身

時間と料金の目安／その都度、相談による

■講演テーマ／日本を良くするための提言

■最近のテーマ／老老介護体験
■主な依頼先／官公庁、商工会議所
　一般企業、地方行政など

■マスコミほか主な活動／テレビMBS「ちちんぷいぷい」、ABC「正義のミカタ」TVO「なにしよ？！」ほかラジオMBS「ノムラディ・ノムラダ」OBC「ハッピーで行こう！」ほか
■著書名／『みんなで考えるニッポンの未来』（よしもとブックス）

■連絡先／〒160-0022
東京都新宿区新宿5丁目18-21
電話　03-3209-8271
FAX　03-3209-8272
mail　omakase@yoshimoto.co.jp
URL　www.yoshimoto.co.jp

橋本久義（はしもと・ひさよし）
通産省から大学教授、実戦的中小企業専門家
（国）政策研究大学院大学名誉教授・客員教授

- ●アピールポイント／ 3915社訪問の経験をもとに、IoT、AI活用を含め中小企業の方向を実例で面白く話す。会場は笑いが絶えない。
- ● 1945年5月21日生まれ　福井県福井市出身

時間と料金の目安／金額にこだわらない

■講演テーマ／IoTを使い倒す日本の中小企業、トランプ革命は日本にとって未曽有のチャンス

■最近のテーマ／中小企業のIoT　A－Z、シリコンバレーと日本ベンチャー、中小の事業承継、実例と対策
■主な依頼先／日本経済新聞、中小企業団体中央会、大手銀行、商工中金、大手工作機械企業、大阪府、新潟県、埼玉県
■マスコミほか主な活動／日本テレビ系　世界一受けたい授業に先生役で8回出演、日本経済新聞をはじめ各紙に寄稿多数、月刊テーミス、商工ジャーナル、新潟日報に中小企業記事を連載中
■著書名／『中小企業が滅びれば日本経済も滅びる』（PHP）『町工場が滅びたら日本も滅びる』（PHP）『町工場こそ日本の宝』（PHP）『町工場の底力』（PHP）『創造的中小企業』（日刊工業）『続創造的中小企業』（日刊工業）『今世紀最後の好景気始動』（かんき出版）

■連絡先／〒170-0005
東京都豊島区南大塚3-53-2　大塚タウンビル3階
（株）三楽舎プロダクション
TEL 03-5957-7783
FAX 03-5957-7784
mail hk@sanrakusha.jp

林久美子（はやし・くみこ）

元参議院議員／社会問題コメンテーター
株式会社よしもとクリエイティブ・エージェンシー

●アピールポイント／元参議院議員として教育、政治、社会問題を切れ味よく熱く語るコメンテーター●早稲田大学第一文学部卒　1995年びわ湖放送（株）入社 報道部キャスター　2004年第20回参議院議員選挙において初当選。2010年参議院総務委員長就任　2010年文部科学大臣政務官 就任　2013年沖縄及び北方領土問題に関する特別委員会 委員長 就任
●1972年9月7日生まれ　滋賀県東近江市出身

■時間と料金の目安／その都度、相談による

■講演テーマ／日本の社会的養護の現状と課題

■最近のテーマ／国会の仕組みと政策ができるまで
■主な依頼先／官公庁、商工会議所　一般企業、地方行政など

■マスコミほか主な活動／KTV「胸いっぱいサミット」、BSフジ「ブラマヨ弾話室」、ForbesJAPANコラム「一般社団法人 For The world」代表理事

■連絡先／〒160-0022
東京都新宿区新宿5丁目18-21
電話　03-3209-8271
FAX　03-3209-8272
mail　omakase@yoshimoto.co.jp
URL　www.yoshimoto.co.jp

原田武夫（はらだ・たけお）

株式会社原田武夫国際戦略情報研究所代表取締役&CEO
経営者、元キャリア外交官、グローバル・ストラテジスト

●アピールポイント／市場及び国内外情勢の未来シナリオ作成、経営コンサル他、教育講演活動を国内外で行う。
●1971年12月9日生まれ　香川県高松市出身

■時間と料金の目安／その都度、相談による

■講演テーマ／金融、国際情勢、グローバル・アジェンダ、政治経済情報リテラシー、人財教育

■最近のテーマ／激動の朝鮮半島とパックス・ジャポニカ
■主な依頼先／大手銀行、大手上場企業　各種有名経営者団体（クラブ関西等）、各地の生産性本部、新聞社主催講演会、国際商業委員会（ICC）、ケンブリッジ大学等
■マスコミほか主な活動／NHKニュースウォッチ9、あさチャン、Abema TV 日曜スクープ等への番組出演ほか、ラジオ出演、新聞や経済紙への寄稿を行う。日本外国特派員協会等からの取材経験あり。富裕層向け会員制雑誌「Nile's Nile」ではコラムを連載執筆中。
■著書名／『世界史を動かす日本ーこれからの5年を迎えるために本当に知るべきこと』(徳間書店)

■連絡先／〒170-0005
東京都豊島区南大塚3-53-2　大塚タウンビル3階
(株)三楽舎プロダクション
TEL 03-5957-7783
FAX 03-5957-7784
mail hk@sanrakusha.jp

政治・経済

渡辺 実（わたなべ・みのる）
防災・危機管理ジャーナリスト、技術士、防災士
株式会社まちづくり計画研究所代表取締役

●アピールポイント／日本列島は天変動乱の時代に入りました。「防災」から「減災」そして今は「備災」の時代。「備災」とは「生き残るチカラ」と「生き延びるチカラ」。突然、被災者になるあなたへのメッセージを届けます。

●1951年2月6日生まれ　東京都練馬区出身

時間と料金の目安／1.5時間　20万円（税・経費別）～

■**講演テーマ**／突然、被災者になるあなたへのメッセージ『備災は国民の義務』～「生き残るチカラ」と「生き延びるチカラ」～

■**最近のテーマ**／突然、被災者になるあなたへのメッセージ『備災は国民の義務』～「生き残るチカラ」と「生き延びるチカラ」～

■**主な依頼先**／政府・中央官庁・地方自治体・民間

■**マスコミほか主な活動**／NHKはじめ民放各局出演多数。新聞・雑誌など多数

■**著書名**／『巨大震災その時どうする？生き残りマニュアル』（日本経済新聞生活情報部編）『都市住民のための防災読本』（新潮社）『緊急地震速報そのとき、あなたは、どうしますか？』（角川）他多数

■**連絡先**／〒170-0005
東京都豊島区南大塚3-53-2　大塚タウンビル3階
(株)三楽舎プロダクション
TEL 03-5957-7783
FAX 03-5957-7784
mail hk@sanrakusha.jp

経営・ビジネス

経営・ビジネス

市村よしなり（いちむら・よしなり）
IT／AIコンサルタント 小学生で起業
株式会社コスモウェブ代表取締役

● アピールポイント／現在、日本やシンガポールに複数の法人を運営しながら、さまざまな売れるアイデアや自動化の仕組みを個人や企業へ提供し、コンサルティングによる売上アップは累計2000億円を超える。また、複数のAI(人工知能)企業の顧問や理事を務める。
● 1974年6月6日生まれ　港区赤坂出身

時間と料金の目安／その都度、相談による

- ■講演テーマ／9割お任せ！『AI仕事力』AI&RPAでカンタン自動化する！
- ■得意なテーマ／小学生・起業ワークショップ
- ■最近のテーマ／お金をかけず2倍集客する、最新SNSマーケティング法
- ■主な依頼先／国内の企業、ロータリークラブ、海外企業、学校法人
- ■年間講演回数／30回
- ■マスコミほか主な活動／「ディスカバリーチャンネル」、「ワールドビジネスサテライト」、「日テレZIP！」などに出演
- ■著書名／『売れる！魔法のアイデア7パターン39の法則』『AI/RPA完全自動化マニュアル』『こもる力』『人生で大切なことはみんなRPGで教わった』
- ■必要機材／プロジェクター、スクリーン、パワーポイントが映れば何でも良い、データ種類　Mac

■連絡先／〒107-0052
東京都港区赤坂9-7-2
東京ミッドタウン・レジデンシィズ1717
株式会社コスモウェブ
TEL 090-2100-8754
mail ichimura@cosmo-web.com
URL https://cosmo-web.com/

　累計2000億円以上のクライアントの売上UPと業界トップクラスの講演実績を持つ先生である。
　ITやAIに特化したコンサルタントとして著名で、この分野では実績20年以上に及ぶ。
　とりわけ、講演や研修が多く、特定顧客やリピートが多い。

講演風景

　その幼少期が珍しいエピソードとして知られている。「私が小学生3年のころ、父の会社が8億円の借金を背負い、山のてっぺんに夜逃げしました。パソコンを持っていた私は小学生でゲームを作成して雑誌社へ送り、収入を得ました。今思えばそれが起業だったなと思っています」と振り返る。

幼いころAI将棋ソフトにはまったことがきっかけで、小学生時代からコンピュータープログラミングを始めたのである。

ライフラインも満足に整わない山奥で、自給自足のサバイバル生活を余儀なくされる一方で、かろうじて手元に残ったパソコンでゲームを自主制作。雑誌に投稿を重ね、賞金を稼ぐようになる。
米国のマイクロソフト社の創設者ビル・ゲイツ氏もゲームソフトの開発から始まった。そのビル・ゲイツでさえ高校生だったのに、市村先生は小学生時代からだ。

3年間、ソフトウェア会社でのサラリーマン時代を経て、1997年より23歳で国内ほぼ初のコンタクトレンズ通販、フィンテック事業、コンサルティング事業を開始した。

現在、日本やシンガポールで複数の法人を運営しながら、最新IT活用を用いたマーケティングや、AIやRPAによる自動化の仕組みを個人や企業へ提供し、コンサルティングによる売上アップは累計2000億円を超える。

仕事をAI化するための「完全無人企業プロジェクト」を創立。AIを使った研究所社団の理事や複数のAI関連企業顧問を務めている。
ワールドビジネスサテライト・NHK東京kawaiitv、ディスカバリーチャンネル他多数出演。エーゲ海・カリブ海クルーズでのセミナー講演。小学生のための起業ワークショップを開くなど、各種講演を開催。新しい未来を創るために精力的に活動している。
「ITでワクワクを創造したい」と先生は訴える。

著書 『売れる!魔法のアイデア』
(Clover出版)

著書 『こもる力』
(角川学芸出版)

著書 『人生で大切なことはみんなRGPから教わった』
(バジリコ)

経営・ビジネス

伊藤康子（いとう・やすこ）……………代表取締役 色個性研究所 所長

●アピールポイント／企業で社長秘書の後WEBで高級呉服販売。
●WEBでの高級呉服販売の経験から独自に生み出した個性と色柄の関係で組織の問題解決
●1955年2月15日生まれ　福岡県北九州市出身

時間と料金の目安／その都度、相談による

■講演テーマ／高額品のWEB販売方法／着物の知識から着こなしまで／個性を知る色と柄のマジック

■最近のテーマ／個性を知って売上アップ／組織の中の個性の生かし方
■主な依頼先／官公庁、学校、企業、業界団体

■マスコミほか主な活動／TV「笑っていいとも」「ミヤネ屋」「めざましTV」などで高額・フォーマルきもの解説や園遊会解説を行う
■著書名／『800万円のきものを千円のTシャツのように売る技術—ネットショップ成功の極意』（大和出版）

■連絡先／〒170-0005
東京都豊島区南大塚3-53-2　大塚タウンビル3階
（株）三楽舎プロダクション
TEL 03-5957-7783
FAX 03-5957-7784
mail hk@sanrakusha.jp

大橋直矢（おおはし・なおや）…モビメントグループ株式会社モビメントコスモ代表取締役 元プロサッカー選手

●アピールポイント／プロサッカー選手引退後、セカンドキャリアとして入った会社で実践していく中で、突然社長に任命され、右も左もわからないながらも赤字の状態を黒字へ転換出来た経験を共有しましょう。
●1987年7月23日生まれ　茨城県水戸市出身

時間と料金の目安／主催者の予算次第による

■講演テーマ／赤字企業を一年で黒字化へ転換～元Jリーガー、経営者への挑戦～

■最近のテーマ／赤字企業を一年で黒字化へ転換～元Jリーガー、経営者への挑戦～
■主な依頼先／中小企業家同友会

■連絡先／〒170-0005
東京都豊島区南大塚3-53-2　大塚タウンビル3階
（株）三楽舎プロダクション
TEL 03-5957-7783
FAX 03-5957-7784
mail hk@sanrakusha.jp

小田純也 (おだ・じゅんや)

シンプルブランド・コンサルタント
マーケティングコンサルタント

●アピールポイント／Amazon1位輩出者 31名。実績・知名度がないウェブが苦手な個人起業家さんの強み・スキルを最大限生かしながら、20〜80万の商品を売れるようにできる。
●1986年10月19日生まれ　愛知県一宮市出身

時間と料金の目安／2時間　1万円

■講演テーマ／電子書籍を上手く活用して集客や売上UPにつなげる。理想のライフスタイルを実現するために必要な3つのこと

■最近のテーマ／個人起業家向けに電子書籍を活用したマーケティング講座
■主な依頼先／個人主催の80人〜100人セミナー

■マスコミほか主な活動／中日新聞掲載、FMGIGラジオ
■著書名／『パパ起業する』(尾張文庫)

■連絡先／〒170-0005　東京都豊島区南大塚3-53-2　大塚タウンビル3階
(株)三楽舎プロダクション
TEL 03-5957-7783
FAX 03-5957-7784
mail hk@sanrakusha.jp

経営・ビジネス

荻原順子 (おぎはら・じゅんこ)

株式会社プラスパ代表取締役
マインドフルネス実践家

● アピールポイント／うつを克服した体験をもとに、1990年に(株)プラスパを設立。同社及びスパーブ ヘルス アカデミーを運営する他、朝日新聞社運営協力「マイベストプロ東京」紹介 臨床心理カウンセラーとしても活躍。企業向けマインドフルネス研修講師
● 1950年8月19日生まれ

時間と料金の目安／1.5時間〜2時間／10万(応相談)

■ 講演テーマ／マインドフルネスについて(コミュニケーション能力の向上、モチベーションアップ、免疫を高める、健康で若く年を重ねる方法について)

■ 得意なテーマ／マインドフルネスについて(コミュニケーション能力の向上 モチベーションアップ、免疫を高める 健康で若く年を重ねる方法について)

■ 最近のテーマ／マインドフルネスについて(マインドフルネスとは何か、その実践方法について 家族や職場等での素晴らしいコミュニケーションの方法、素敵な男性また女性になる方法について)

■ 主な依頼先／官公庁、企業、学校、医療福祉介護施設など

■ 年間講演回数／年間150回

■ マスコミほか主な活動／朝日新聞運営"マイベストプロ東京"週間NY生活 日刊工業新聞「企業の志魂」「マイナビウーマン」(呼吸法の監修記事が掲載)海外投資新聞「グレートプレジデント」TABILABO ほか多数

■ 著書名／『人生が変わるマインドフルネス』(幻冬舎)『2018年度版ブームの真相』※『新しい時代を生きる 未来に向かい輝き歩む女たち』として掲載(ミスターパートナー 保存版ガイドブック)

■ 講演実績／朝日新聞読者ホールにてマインドフルネスのセミナーを開催 企業向けマインドフルネス研修講師として某有名化粧品会社の企業研修セミナーを開催 ニューヨークにて癌専門医G氏とワークショップを3年に亘り毎年9月に開催 世界婦人平和促進財団記念式典にて講演 群馬県ロータリークラブにて講演 ほか多数

連絡先／〒164-0012
東京都中野区本町6-13-8
新中野神谷ビル3階 株式会社プラスパ
日本予防医学行政議会認定
TEL03-5340-1501
mail pluspa@pluspa.com URL https://pluspa.com/

〝自分を見つめ直すことによって、潜在能力が活性化されるマインドフルネス〟を効果的に伝えるプロフェッショナルである。マインドフルネスとは、「心と体の正しいあり方」のことであり、今自分に起こっていることを、判断や批判なくそのまましっかり認識することを指すものである。

最新の脳科学で「ストレス軽減」「集中力アップ」「自律神経回復」などの効果が実証されている。

「素敵に年を重ねる事の習慣を知るということは人生の最大の喜びです。30年のマインドフルネス実践家としての経験を基に、若く健康で明るい人生に変わるマインドフルネス実践の秘訣をわりやすく講演します」と先生は語る。

その講演には、20代から80代までの幅広い年齢層、OLから経営者、医師まであらゆる職業の人々が足を運ぶ。女性の教育に定評がある先生だが、女性のみならず男性の参加者も多い。

マインドフルネスは、GoogleやIntelはじめ、シリコンバレーの有力企業も能力向上トレーニングとして取り入れている。先生自身、若さと健康を維持し、質の高い人生を送るためには、マインドフルネスが必要と考え実践し、大人の学校「スパーブ・ヘルス・アカデミー」を設立、日々の生活で実践できるマインドフルネスを伝えてきた。

2000年には、マンハッタンにて癌専門医の患者を対象にしたセミナーを3年連続で開催し、その効果には高い評価を得ることができた。

上品でたおやかな雰囲気を持つ先生だが、それから想像できないほど、参加者たちに毎回大きなパワーを与える。メディテーションや呼吸法のセミナーは、「元気になる」「気持ちが前向きになる」と評判だ。「皆さん顔がぱっと明るくなって生き生きとしてくるのです」と先生は目を輝かせる。

〝心の持ち方が健康にも美容にも通じる〟ことを認識できる貴重なセミナーは、多くの人々を魅了している。「参加された皆さまには大変ご好評をいただいております。セミナー終了時には、間違いなく意識革命が行われます。皆さまのモチベーションと免疫力のアップをお約束します」と先生は呼びかける。

朝日新聞本社にて「自分を整える事で人生は変えられる心の健康を保つためのマインドフルネスセミナー」開催

著書
『人生が変わるマインドフルネス』

経営・ビジネス

倉渕栄生（くらぶち・ひでお）
代表兼パーソナルライフコーチ
ヒューマン・コネクト・マネジメント合同会社

● アピールポイント／大手企業退職後、保険商品などの様々な商品を扱う代理店を開業。この成功により人に助言する機会が増え、2013年コーチング会社を設立する。セッションや講演を中心に活動中
● 1980年7月3日生まれ　青森県出身

- 時間と料金の目安／2時間5万円（内容によって応相談）

- ■ 講演テーマ／各自が持つ真性を引き出し、自己再生・人生最盛へと導く。創りたい未来を創作していくために必要な心をコントロールする手法を身につけ、人生を最大限楽しみ、自分らしく活き活きと活躍していくための自分創り

- ■ 得意なテーマ／人生をより良く生きるための考え方や心の持ち方、心構え
- ■ 最近のテーマ／人間関係を良くするための秘訣
- ■ 主な依頼先／企業、組織団体、NPO

- ■ 年間講演回数／10回
- ■ マスコミほか主な活動／マイベストプロ熊本、渋谷クロスFM「This Time 手相の開運大学」ゲスト
- ■ 必要機材／プロジェクター、スクリーン、ホワイトボード、マイク、台（演台でなくてもよいので、PCを置ける台）

- 連絡先／〒862-0903
  熊本県熊本市東区若葉2-3-5
  ネオウィングビル7F
  ヒューマン・コネクト・マネジメント合同会社
  TEL096-237-6717　携帯080-3151-5671
  mail kurabuchi.h @ gmail.com
  URL https://www.c-hcm.com/、http://c-hcm.jp/

　考え方や感情のコントロール方法を伝え、金銭的な問題や人間関係の悩みを解決に導くパーソナルコーチ。「会社員時代に壁にぶつかった時、自分としっかり向き合うことで状況が好転した」という自身の経験も踏まえて、コーチングを行っている。
　講演ではこのスキルをベースに、自分の内面の見つめ方などを参加者に伝授。物事の観方や考え方を変えることで、人生は良くなっていくという。
　『人創り・縁作り・環境創り』をテーマとし一人ひとりが、輝く人生空間のブランディング（コーディネート）を根幹に個人や企業を対象にマネジメント業務を行っている。主に、コーチング・コンサルティング・ヒューマン（ビジネス）マッチング・ブランディング・人財教育研修・講演・レンタルオフィス事業などを展開している。

　「どんなテーマを依頼されても、柔軟に対応できることが強みのひとつ」と先生は話す。講演後は多くの主催者から「内容が斬新かつためになる」と喜ばれ、「ぜひ継続的に講演をしてもらいたい」という要望が寄せられている。
　"人との出逢い、繋がりが最大の人生資産" をモットーに現在は九州と東京を中心に活動。

斎藤元有輝(さいとう・もとあき)　マーケティングプロデューサー / 株式会社サイトウジムキ代表取締役

- ●アピールポイント／インターネットマーケティングをわかりやすく伝える専門家。特に、LINEのビジネス活用に詳しく、著書の『トコトン使って売上げを上げるLINE@活用術』は、9刷。
- ●1961年11月11日生まれ　岡山県倉敷市出身

時間と料金の目安／1.5時間　10万円

■講演テーマ／ダントツに売れるLINEの力

■最近のテーマ／Googleマップを活用して無料で集客する方法
■主な依頼先／国内企業 商工会議所 商工会
■著書名／『トコトン使って売上を上げるLINE@活用術』（セルバ出版）

■連絡先／〒170-0005
東京都豊島区南大塚3-53-2　大塚タウンビル3階
(株)三楽舎プロダクション
TEL 03-5957-7783
FAX 03-5957-7784
mail hk@sanrakusha.jp

清水 豊(しみず・ゆたか)　株式会社ワークス代表取締役

- ●アピールポイント／Web担当者になったんだけど？　Web戦略って？　今のWebって？　SNSって？…等。
- ●1966年6月12日生まれ　栃木県さくら市出身

時間と料金の目安／1.5時間　5万円+交通費等諸経費

■講演テーマ／Web戦略、Web運用、SNS活用、等。

■最近のテーマ／企業におけるWeb活用の今、売れるWeb活用、自治体におけるSNS活用等

■連絡先／〒170-0005
東京都豊島区南大塚3-53-2　大塚タウンビル3階
(株)三楽舎プロダクション
TEL 03-5957-7783
FAX 03-5957-7784
mail hk@sanrakusha.jp

経営・ビジネス

甚川浩志（じんかわ・ひろし）
経営コンサルタント　地方創生コンサルタント
野人流忍術「野忍」（やにん）主宰、風魔一党指南役

●アピールポイント／元の専門リスクマネジメントコンサルを活かし、「忍術」を通して日本文化を伝える。
● MICE、海外研修生などのインセンティブプログラムにも対応します。企業研修にも活用され、経営者など先進的な発想を求められる立場にある人は、自然の中で心を静め先進脳の活性化のお手伝いをいたします。
● 1969年8月31日生まれ　大阪市出身

時間と料金の目安／その都度、相談による

■講演テーマ／「現代社会に活かす忍術」「日本文化を組織・経営に活かす」「忍者に学ぶリスク対応術」「忍者と地方創生」など

■最近のテーマ／経営や地方創生だけでなく、インバウンド対策やブランディング、青少年教育に関連するテーマ
■主な依頼先／国内外の企業　自治体　経営者団体　商工会　大学等の教育機関
■マスコミほか主な活動／日本経済新聞、日経MJ、読売新聞、朝日新聞、東京新聞、西多摩新聞、西の風新聞、スポーツ報知、神静民報、NHKラジオ、東京FM、Jwave、ニッポン放送、FM川口、NHKワールド、TBSテレビ、フジテレビ、テレビ東京、日経ビジネス、日経DUAL、Bigtomorrow、セブンティーン、少年ジャンプ、クロワッサン、TED×ICU、INSPIRE、渋谷大学、その他海外メディアなど多数
■著書名／『「職業は忍者」激動の現代を生き抜く術日本にあり！』（新評論）

●連絡先／〒170-0005
東京都豊島区南大塚3-53-2　大塚タウンビル3階
（株）三楽舎プロダクション
TEL 03-5957-7783
FAX 03-5957-7784
mail hk@sanrakusha.jp

新屋敷辰美（しんやしき・たつみ）
中小企業診断士　キャリアコンサルタント
シオン経営コンサルティング代表

●アピールポイント／鹿児島県内において経営戦略、経営改善、創業等に関するセミナーを行っています。
● 1960年12月27日生まれ　鹿児島県日置市出身

時間と料金の目安／その都度、相談による

■講演テーマ／「中小企業のための経営革新セミナー」「夢をかたちに！創業支援セミナー」

■最近のテーマ／「中小企業のための経営革新セミナー」「夢をかたちに！創業支援セミナー」
■主な依頼先／商工会・商工会議所　公的中小企業支援機関、同業者組合

●連絡先／〒170-0005
東京都豊島区南大塚3-53-2　大塚タウンビル3階
（株）三楽舎プロダクション
TEL 03-5957-7783
FAX 03-5957-7784
mail hk@sanrakusha.jp

菅原智美（すがはら・ともみ）

一般社団法人エメラルド倶楽部代表理事
株式会社 NATULUCK 代表取締役
世界最大級女性経営者の会代表理事

● アピールポイント／2000名以上の女性経営者とお会いし学んだ経営学。
● 1970年6月30日生まれ　新潟県新潟市出身

時間と料金の目安／1.5時間　5万円～

■ 講演テーマ／社員がやる気になる会社づくり、新規事業のつくり方、起業の基礎、営業力強化の秘訣

■ 最近のテーマ／女性が活躍する会社づくり、社員のやる気を出す方法
■ 主な依頼先／伊藤忠、岐阜大学、株式会社デル、韓国女性新聞社、日本ワーキングママ大学、ロータリークラブ、倫理法人会など

■ 連絡先／〒170-0005
東京都豊島区南大塚3-53-2　大塚タウンビル3階
(株)三楽舎プロダクション
TEL 03-5957-7783
FAX 03-5957-7784
mail hk@sanrakusha.jp

菅谷信一（すがや・しんいち）

一般社団法人日本動画マーケティング協会　代表理事
株式会社アームズ・エディション代表取締役

● アピールポイント／業績アップを目指す中小企業経営者を対象に、現場で使える先端のネット戦略と経営の基本"ランチェスター経営"を指南する菅谷先生。文章や高度な PCスキルを必要としないシンプルでわかりやすい方法は、「誰でもすぐ実践できる」と多くの支持を集めている。「講演終了後は参加者にやる気がみなぎっている」と主催者はこぞって絶賛。人を惹きつける話術も人気だ。「中小企業の売上増加は日本の活力となる。その助言をしたい」という先生の熱い思いは、全国で実を結んでいる。● 動画活用を軸としたネット経営コンサルタント● 1969年10月6日生まれ　茨城県笠間市出身

時間と料金の目安／1時間半～2時間　20万円（ご予算に応じて相談可）

■ 講演テーマ／スマホ1台・LINEビジネス活用で顧客リピートを劇的に増やす方法、YouTube動画で売上を10倍にする方法

■ 得意なテーマ／スマホ1台・LINEビジネス活用で顧客リピートを劇的に増やす方法
■ 最近のテーマ／スマホ1台・LINEビジネス活用で顧客リピートを劇的に増やす方法
■ 主な依頼先／全国商工会議所、商工会、法人会、金融機関、一般企業
■ 著書名／『最新LINEビジネス活用講座』(主婦の友社)、

『効果4500倍! LINE@"神"営業術』(ごま書房新社)、『新版 YouTube大富豪7つの教え』(ごま書房新社)、『不況知らずのランチェスター最強経営力』(電波社)、『YouTube革命者"異次元"の稼ぎ』(ごま書房新社)、『小さな会社の魅力と集客が10倍アップするホームページのつくり方』(ソシム)、『儲かる絶対法則 あなたはお客さまの期待にこたえなければならない!』(サンクチュアリ出版)、『倒産寸前の会社社長・鈴木さんが、YouTubeを活用して年商2億円になった方法』(impress QuickBooks)　他多数

■ 連絡先／〒108-0074
東京都港区高輪3-25-22　高輪カネオビル8F
株式会社アームズ・エディション
TEL03-4405-7508
mail info@arms-edition.com
URL http://www.arms-edition.com

経営・ビジネス

関根典子 (せきね・のりこ)
ピュアネットジャパン株式会社取締役
販売促進コンサルタント、集客・イベントプロデューサー

- ●アピールポイント／確実な集客や売上増、イベントや人生の企画。企業・自治体・学生・女性向けに講演。
- ●1965年7月2日生まれ　埼玉県ふじみ野市出身

時間と料金の目安／その都度、相談による

■講演テーマ／イベント企画・集客企画書作成、マーケティング入門　アイデア発想など

■最近のテーマ／イベント企画集客実践講座（宣伝会議）、製造業向け・米穀店向け売上増顧客増（東京都）
■主な依頼先／東京都、商工会議所　全農、青年会議所、一般企業など

■著書名／『1000人確実に集客できる方法』（ディスカヴァー）

■連絡先／〒170-0005
東京都豊島区南大塚3-53-2　大塚タウンビル3階
(株)三楽舎プロダクション
TEL 03-5957-7783
FAX 03-5957-7784
mail hk@sanrakusha.jp

田尾和俊 (たお・かずとし)
四国学院大学教授／「麺通団」団長
株式会社よしもとクリエイティブ・エージェンシー

- ●アピールポイント／讃岐うどんの魅力を全国まで広めた「麺通団」団長が語る、ブームを生み出すには発想力、プロモーションの仕方とは。
- ●さぬきうどんブームの仕掛け人。「麺通団」団長。四国学院大学教授。
- ●1956年1月20日生まれ　香川県出身

時間と料金の目安／その都度、相談による

■講演テーマ／アイデアを生み出すテクニック

■最近のテーマ／人を動かすプロモーション
■主な依頼先／官公庁、商工会議所、一般企業、地方行政など
■著書名／『恐るべきさぬきうどん』『超麺通団』シリーズ

受賞
1999年高松市「文化奨励賞」
2003年香川県「かがわ21世紀大賞」
2006年四国運輸局「四国観光殿堂」殿堂入り

■連絡先／〒160-0022
東京都新宿区新宿5丁目18-21
電話　03-3209-8271
FAX　03-3209-8272
mail　omakase@yoshimoto.co.jp
URL　www.yoshimoto.co.jp

高橋秀仁（たかはし・しゅうじん）
事業承継・後継者育成コンサルタント
アシスト2代目代表、中小企業診断士

- ●アピールポイント／家業を継いだ経験から、後継者の経営力を伸ばし、会社を長く発展させるコンサルタント。
- ●1972年11月22日生まれ　兵庫県芦屋市出身

時間と料金の目安／ 1.5時間　10万円

■講演テーマ／事業承継で伸びる会社伸びない会社

■最近のテーマ／後継者の社長を高める3つの方法
■主な依頼先／商工会・商工会議所　各種業界団体・組合　青年会議所　各団体青年部

■著書名／『頑張らない2代目が成功する事業承継の極意』（ギャラクシー出版）

■連絡先／〒170-0005
東京都豊島区南大塚3-53-2　大塚タウンビル3階
(株)三楽舎プロダクション
TEL 03-5957-7783
FAX 03-5957-7784
mail hk@sanrakusha.jp

竹原信夫（たけはら・のぶお）
有限会社産業情報化新聞社 代表取締役
株式会社よしもとクリエイティブ・エージェンシー

- ●アピールポイント／あなたの会社、もっとこうすれば良くなる！　というヒントを元に、自信とやる気、明るさをあなたの会社に取り戻します。●元フジサンケイグループ日本工業新聞記者。平成2年4月大阪経済部次長（デスク）。平成9年2月から平成12年10月末まで大阪経済部長。平成13年1月から独立、産業情報化新聞社代表に。年間約500人の中小企業経営者に取材、「日本一明るい経済新聞」を発行する。
- ●1948年10月29日生まれ　大阪府出身

時間と料金の目安／ その都度、相談による

■講演テーマ／経済の元気を掘り起こす！

■最近のテーマ／元気経営の"ヒミツ"はこれだ！元気な会社、元気な人にはワケがある
■主な依頼先／官公庁、商工会議所　一般企業など

■マスコミほか主な活動／
月刊誌「日本一明るい経済新聞」発行
NHK「おはよう関西」

■連絡先／〒160-0022
東京都新宿区新宿5丁目18-21
電話　03-3209-8271
FAX　03-3209-8272
mail　omakase@yoshimoto.co.jp
URL　www.yoshimoto.co.jp

経営・ビジネス

谷 厚志（たに・あつし）… 怒りを笑いに変えるクレーム・コンサルタント
一般社団法人日本クレーム対応協会（JACH）代表理事

●アピールポイント／関西でタレントとして活動後、会社員に転身。お客様クレーム対応責任者として2000件の対応をするなか、「クレーム客をお得意様に変える対話術」を確立。独立後は多くの企業でクレーム対応の指導に当たっている。●1969年生まれ

時間と料金の目安／1～2時間20万円～

- ■講演テーマ／「お客様の怒りを笑顔に変える！クレーム対応講座」
- ■最近のテーマ／「心をつかむ！誰からも好かれる話し方」「みるみるファンが増えていく！接客×笑いの法則」
- ■主な依頼先／メーカー、通信会社、量販店、銀行、ホテル・旅館、自治体など
- ■年間講演回数／年間約200回
- ■マスコミほか主な活動／フジテレビ「ホンマでっか!?TV」（企業クレーム評論家として出演）、NHK「Rの法則」、日テレ「ZIP!」、中京テレビ「KO-EN」など雑誌掲載：日経ビジネス、プレジデント、BIG tomorrow、週刊ポスト、近代セールス、販促会議、アントレ、日刊ゲンダイ、シティリビングなど
- ■著書名／『超一流のクレーム対応』（日本実業出版社）『怒るお客さま」こそ、神様です！』（徳間書店）『心をつかむ！誰からも好かれる話し方』（学研パブリッシング）
- ■必要機材／PC、プロジェクター、スクリーン、ホワイトボード、ワイヤレスハンドマイク
- ■講演実績／「楽しく学ぶ！失敗しないクレーム対応」（三井住友海上火災保険、リクシル、JA全農）「みるみるファンが増えていく！接客×笑いの法則」（東京ガス、ドコモCS、阿波銀行）「超一流のクレーム対応」（東京慈恵会医科大学、サントリー、NTTデータ）「心をつかむ！誰からも好かれる話し方」（日本年金機構、日本FP協会、福岡市）「お客様の怒りを笑顔に変える！クレーム対応講座」（総務省、東京都庁、大塚商会）ほか多数

●連絡先／〒103-0015
東京都中央区日本橋箱崎町27-9 1F
一般社団法人日本クレーム対応協会
TEL03-6861-7583（9:00～18:00土日祝休み）
mail info@ikariwoegao.org
URL http://www.ikariwoegao.org
https://ameblo.jp/c-eyespro

■クレームは本当に宝の山？

コールセンターはクレームの山である。この逆境から起業し、大成功をしたのが谷先生だ。

笑いとともに引き込んでいく

「クレームや苦情は宝の山」とよく言われているが、現実はそんなに甘いものではない。向こうはお客様であり、自分をえらいと思って、言いたい放題だ。こちらもいつまでも平身低頭して聞いているわけにはいかない。

事実、コールセンターの離職率はとても高いと言う。毎日クレームや苦情ばかり聞いていたら精神的にも耐えら

れないだろう。

谷先生も、このコールセンター時代、出社拒否になるまで追い込まれた。

先生は学生時代にタレントとしてデビューし、関西を拠点に活動していた。順風満帆だったが、あるパーティーでメインスポンサーの社名を間違える大失態を犯して、しばらく干され、やがて芸能活動と縁を切る。

企業での講演

一般企業に就職し、配属された先がコールセンターだった。これがきつかった。在籍期間中に2000件以上のクレーム対応に振り回された。

■クレーム・コンサルタントとしての人生をスタート

転機は、長時間クレームを言い続けた顧客から「最後まで逃げずに話を聞いてくれてありがとう」と感謝されたことだった。「そのときに〝お客様は気持ちをわかってほしいんだ〟、〝クレームには必ず事情や背景があるんだ〟ということに気づいたのです」と振り返る。

その後、〝クレームは処理するものではなく対応するもの〟という考えをベースに、「クレーム客をお得意様に変える対話術」を構築し、クレーム・コンサルタントとしての人生を再スタートさせた。今では数カ月先まで予約のある超売れっ子のセミナー講師になってしまった。

先生の講演内容は、物事に対する視点や意識の変え方など目から鱗が落ちることばかり。〝普段自分では気づかないが、一度知ると誰でも実践できる〟ということも、多くの人の心を惹きつける。

顧客とクレーム担当者の双方を笑顔にすることに心血を注ぐ。「クレームへの恐怖心やストレスを取り除き、怒っているお客様をファンに変える方法をお伝えしたい」と微笑む。

■クレームを言う人をなくせる？

谷先生が独立して起業した団体が「日本クレーム対応協会」である。その究極的な目的は「クレームをなくすこと」である。

クレームを受けるのは確かにつらい。特殊な例を除いて、クレームを受けるのが好きな人がいるわけがない。できることならなくしたいが、そんなことができるのか……？

「実は簡単なのです。クレームをクレームと思わないことです」と先生は語る。

他人を変えるのは難しいが、こちら側の受け止め方を変えるのは不可能ではない。
「お客様からの貴重なアドバイスと受け止めることです」と指摘する。
そのために「日本クレーム対応協会」で展開しているのが、講演と研修だ。クレームを受ける側、すなわち企業側の教育を徹底して、クレームへの考え方とお客様への接し方を変えていく。クレーム対応の標準ルールをつくり、クレームに前向きに対応できる人を増やしているのである。
我慢して聞いていては必ず限界がやってくる。我慢せずにアドバイスだと思って喜んで伺う姿勢に変えていく。

■共感して話を聞く

具体的なテクニックとしては「お客様の話を共感して聞く」ことがある。
お客様からの要求には「そうだったのですね…」「そう思われたわけですね…」「お手数をおかけしました」と答える。語尾を下げながら、こういう言葉を投げかけて、お客様の話に共感する。
お客様が感情的だったり、興奮していても、その感情に陥った理由に共感する。そこには「残念」「恥をかいた」「怖かった」という理由があるはずで、ここを聞き出して共感することが重要となる。
もちろん、こちら側が感情的になっては絶対にいけない。感情的になってしまったら、丸く収めるのは絶望的になってしまう。相手の話を全部聞いて、共感して、感情的になった部分にのみ謝罪すること。こちら側がすべて悪いわけではない。お客様の気になったことはほんの一部分に過ぎないのである。

■事例 「お客様は豚ですか？」で怒り心頭！

先生からお聞きした興味深い事例を紹介したい。
あるレストランチェーンでの話。ランチで来店した3人の女性のお客様がいた。それぞれ「焼肉定食」「ハンバーグ定食」「豚の生姜焼き定食」を注文。だが、注文を受けた店員と料理を運んできた店員が違っており、どの客が何を注文したのかを覚えていなかった。
運んできた店員は「焼肉のお客様は？」と、伺いながら順番に料理を置いていったが、次の言葉にお客様が切れた。
「え～と、お客様は豚ですか？」
お客様は絶句。さらに逆なでするように「お客様は豚ですか？」と繰り返す。
「豚って何よ？失礼ね！」と、

問いかけながら心をつかんでいく

お客様が荒れる。これはしょうがない。だが、店員も悪気があったわけではない。

これを笑い話で片付けてはいけない。次のような仕事の改善のヒントがある。
1　お客様が何を注文されたのかをしっかり覚えること。
2　メニューを略さない「豚の生姜焼き定食をご注文されたお客様は？」と言う。
3　メニューに〝豚〟という言葉を使わずに「ポークソテー定食」に変更すること。
などが考えられる。

わかりやすく心に響いていく

■聴講者からの評判
　年200回以上の講演を精力的にこなす谷先生。クレームという重いテーマを扱いながらも、その会場はいつも明るい笑いで溢れている。

「とにかく素晴らしい！どの事例もまるで映像を見ているかのようにリアルに感じることができました。重いテーマを楽しくわかりやすく伝える谷さんのトークが秀逸です。まさに、お笑い風講演です！」

「わかりやすかった。すぐに実践できる内容ばかり。お話もご経験談が中心なので、心にストンと落ちました」

「うわべのテクニック論ではなく、顧客心理を追求されたお話だと感じました。クレームは活かすものであること、明日会社内で共有したいと思います」

「自分がカスタマーとしてクレームを出す側の立場として考えても、非常に納得、共感できました。今後に活かせる内容ばかりでした」

「クレームは怖いと思っていましたが、明日からお客様の視点に立ってしっかり対応していきます。お客様をクレーマーから宣伝マンにする発想が面白いと思いました」

　講演を聴いた人からは絶賛の声が届く内容の高い講演である。

著書　『超一流のクレーム対応』

経営・ビジネス

タック川本 (たっく・かわもと) … 国際ビジネス・スポーツアナリスト
株式会社よしもとクリエイティブ・エージェンシー

- ●アピールポイント／メジャーリーグの球団経営の実態を事例に、経営を革新させるための考え方と手法、企業を活性化させる人と組織について熱く分かりやすく語ります。
- ●米国にて国際情報社会学、インターナショナルスポーツファイナンシャルマネージメントを研究し、中西部を中心にビジネスコンサルタントとして活躍。現在ロサンゼルス・エンゼルスの国際編成に移籍。
- ●1943年生まれ　東京都出身

時間と料金の目安／その都度、相談による

■講演テーマ／マネージメントはメジャーリーグに学べ

■最近のテーマ／いかにして自分の夢を実現するか～メジャー流 人間力のつくり方～
■主な依頼先／官公庁、商工会議所　一般企業、学校、地方行政など
■マスコミほか主な活動／フジテレビ「スーパーニュース」「めざましテレビ」BSフジ「プロ野球ニュース」BS日本「メジャーリーグ開幕戦解説」
■著書名／『プロは反省するな！』（東洋経済新報社）『これでメジャーリーグが100倍愉しくなる』（ゴマブックス）『いらない人は一人もいない』（ゴマブックス）Amazon.でベストセラー1位獲得！

■連絡先／〒160-0022
東京都新宿区新宿5丁目18-21
電話　03-3209-8271
FAX　03-3209-8272
mail　omakase@yoshimoto.co.jp
URL　www.yoshimoto.co.jp

田矢信二 (たや・しんじ) …………… コンビニ研究家

- ●アピールポイント／コンビニ業界だけでなく、販売・サービスにおける店舗展開する企業や商工会議所、アジア系企業に講演を実施。
- ●1976年5月31日生まれ　大阪府門真市出身

時間と料金の目安／1回あたり10万～30万円

■講演テーマ／これからのコンビニ経営者・店長に求められる条件

■最近のテーマ／セブンイレブンのマーケティングとマネジメント
■主な依頼先／国内企業、アジア企業、商工会議所など
■マスコミほか主な活動／朝日放送「おはよう朝日土曜日です」フジテレビ「みんなのニュース」「めざましテレビ」「ユアタイム」「直撃ライブ」「グッディ」 BSスカパー「モノクラーベ」テレビ愛知「サンデージャーナル」TBS「この差って何ですか？」amebaTV「SUGGEEE!!ディープな日本人!!#02」NHK「あさイチ」日本テレビ「ヒルナンデス」テレビ朝日「志村&所の戦うお正月」テレビ東京「よじごじDays」東海テレビ「スタイルプラス」関西テレビ「よ～いドン!サタデー」などラジオや報道番組にも出演している。
■著書名／『セブン・イレブンで働くとどうして「売れる人」になれるんですか？』（TWJ books）

■連絡先／〒170-0005
東京都豊島区南大塚3-53-2　大塚タウンビル3階
（株）三楽舎プロダクション
TEL 03-5957-7783
FAX 03-5957-7784
mail hk@sanrakusha.jp

藤間秋男（とうま・あきお）… 100年企業創りコンサルタント／公認会計士 税理士 中小企業診断士 TOMAコンサルタンツグループ㈱代表取締役会長

●アピールポイント／100年企業創造コンサルティングをライフワークとし、数多くの事業承継支援の経験をもとに、"100年企業創り"や"事業承継"などの実践的アドバイス、講演活動を行う。講演実績1800回。

●1952年8月26日生まれ　東京都出身

時間と料金の目安／2時間10万円（税別 交通費別。東京から時間以内の地域の料金。それ以外の地域の場合は応相談）

■講演テーマ／
・永続企業の創り方10ケ条
・100年企業取材で学んだ企業永続の法則
・事業承継対策　～譲る者・継ぐ者・関わる者の心得88～
・後継者問題解決セミナー

■主な依頼先／金融機関、シンクタンク、各種研修機関、業界団体、商工会議所、法人会、青年会議所、ロータリークラブ、ライオンズクラブ、東日本大震災復興支援団体、大学 等

■連絡先／〒100-0005
東京都千代田区丸の内1-8-3
丸の内トラストタワー本館3階
TEL03-6266-2561（企画広報部）
mail toma@toma.co.jp
URL https://toma.co.jp/seminar/kousihaken
（TOMA講師派遣サービス）
URL https://toma.co.jp/
（TOMAコンサルタンツグループ）

　創業129年　藤間司法書士事務所をルーツとするTOMAグループを、200名の専門家を擁する総合コンサルタント集団に育てる。2017年10月より会長職。
　100年企業創造コンサルティングをライフワークとし、数多くの事業承継支援の経験をもとに、"100年企業創り"や"事業承継"などの実践的アドバイス、講演活動を行う。講演実績1800回。
　企業が永続発展するためには、事業承継は不可欠。中小企業が抱える後継者問題の解決策、経営や理念を承継するノウハウを講演で余すところなく語る。
また、経営理念に掲げる"明るく・楽しく・元気に・前向き"思考を、経営者が危機に打ち勝つために必要なマインドと説き、その熱意あふれる講演は「眠らせない」「気持ちが奮い立つ」「また聴きたくなる」と好評を博している。
　座右の銘は"打つ手は無限"。
　多くの老舗や100年企業を研究してわかった「永続企業の共通点」に、自身の経営者としての体験談を交え、「あきらめなければ必ず何とかなる」と聴講者に説く。近年は東北の被災地の経営者を対象にした講演依頼も多い。

経営・ビジネス

鳥巣智嗣(とりす・ともつぐ) ……………… 鳥巣経営研究所代表
中小企業診断士

●アピールポイント／コンサルのスタイルは経営や現場の課題解決、及び付加価値の創造を中心に展開している。「新しいことへの挑戦を促し共に成長していく」ことを軸に力を入れている
●1967年12月22日生まれ　愛知県一宮市出身

時間と料金の目安／半日6万円～

■講演テーマ／新製品開発のための発想技法　論理的思考力の強化　創業者が持つべき財務とマーケティングの知識　人材教育、事業再生、事業承継、生産管理、販促支援　発想力・創造力の強化　ヒューマンエラー対策（うっかりミスの撲滅）

■得意なテーマ／製造現場における5Sの徹底　ヒューマンエラー対策（うっかりミスの撲滅）　論理的思考力の強化　創業者が持つべき財務とマーケティングの知識　その他、人材教育　事業再生、事業承継、生産管理、販促支援　等

■最近のテーマ／発想力・創造力の強化　新製品開発のための発想技法　AI／IoTとは、最前線の事例　計画立案力の鍛え方

■主な依頼先／・商工会、商工会議所・企業・中小企業の公的支援機関、各都道府県の産業振興センター
■年間講演回数／年間10回
■著書名／『今さら聞けない 若手社員のための計画立案力の鍛え方』
■講演実績／仕事がうまくいく計画立案力の鍛え方（大阪府工業協会）他社と差別化したビジネスモデルを作る!発想技法セミナー（フューチャーパスト）管理者のための5Sセミナー（あま市商工会）

●連絡先／〒494-0007
愛知県一宮市小信中島字東鴨平5番地1
鳥巣経営研究所
TEL090-3939-6445　FAX050-3488-0355
mail torichin@qd5.so-net.ne.jp
URL http://torisu-keiei.blogdehp.ne.jp/

■製造業のノウハウを他業種へ

　エンジニアとして活躍していたが、リーマンショックで会社の業績が傾き、多くの部下を失った。このままでは地域の中小企業が危ないと肌で感じ、中小企業診断士の資格を取り、会社の業績も建て直した後に独立した。

　愛知県という場所柄自動車産業が多い。「最近は飲食店や小売りなど、他業種からの依頼も増えています。これらに製造業が持つ世界トップクラスのノウハウを横展開できます」と鳥巣先生は語る。

　例えば「5S」というオーソドックスな改善手法がある。これを「人」に置き換えると組織再構築になる。「情報」に置き換えると「報・連・相」などのルール化、「事業」に置き換えれば事業計画策定になるなど、「5S」は応用範囲の広い改善手法と言える。

■リクエストの多いセミナー

　近年、発想力を高めるための「発想技法」に関する依頼が多いが、他にも増えているリクエストに「プレゼンテーション」がある。また「コミュニケーション」の依頼も多くなった。

　上司に必要となるのが聞く技術だ。部下が相談してくれないと不満を持つ上司は多いが、上司側の聞く技術が低い場合も多い。

聞くには質問が必要になるが、これには「閉じた質問」と「開いた質問」の2つがある。「閉じた質問」とは二択や三択で応えることができるもの。「開いた質問」は考えさせる質問である。チーム内のコミュニケーションを促す場合は、まず上司から積極的に「閉じた質問」を投げかけ、段階的に「開いた質問」に移ると良い。

■新しいものに挑戦を

　セミナーには一方的に語りかける知識型と自ら考える力を養うワークショップ形式の参加型があり、鳥巣智嗣先生は後者を重視していきたいと語る。そのコンサルのスタイルも、経営や現場の課題解決だけでなく、付加価値の創造を中心に展開している。「新しいものに挑戦していきたいという方々を支援していきたいからです」(鳥巣先生)。

　企業には苦しい時代もあるが「あきらめてはいけません。僕もあきらめません。一緒に考え、知恵を出し、成長していきましょう」と呼びかける。

経営理念
　人の成長・進化を促し、師弟の循環をつくる!!
　私の強みは、製造業における豊かな現場経験と管理職経験、論理的思考力、そして発想力だと思っています。そして経営改善に必ず求められるのが、人の成長です。私は人の成長に関わることが好きです。とてもやりがいを感じます。人の成長を感じながら自分の成長も自覚できる瞬間が好きです。私の周囲の人たちが、共に成長し合える環境を作れたら最高です。
　進化という言葉は、環境適応という意味合いを含んでいます。成長も必要ですが、やはり周囲の変化に適応するという進化の視点も必要です。私たちは一人で生きているのではなく周りに生かされているのですから。環境適応は、顧客視点がなければ達成できません。自分のやりたいことばかりではなく、周りが求めることも常に意識しながら努力していきたいものです。

行動指針
　有言半実行。
　常に有言実行できる人は、神様か明らかに目標のレベルが低い人だと思っています。挑戦的な目標を立案して達成度100%なんてことが可能でしょうか？　また、そんな低い目標を立てて面白い？？　楽しい？？　いや、私は達成度50％、五分五分の目標が一番楽しいと感じます。精一杯頑張った状態で達成度50％という目標を掲げ、達成できたら素直に喜び、達成できなかったら悔しがり、そして反省し、次の行動計画立案に反映させるという日々を、私と関わりを持ってくれている人々と共に過ごしていきたいのです。

経営・ビジネス

中田仁之（なかた・ひとし）‥‥中小企業診断士、株式会社 S.K.Y. 代表取締役

- アピールポイント／一部上場企業で20年間営業に従事。2012年、販促プロデュースやコンサルティング等を行う（株）S.K.Y.を設立。2019年、アスリートのセカンドキャリア支援のために（社）S.E.Aを立ち上げた。
- 1969年8月30日生まれ　大阪府出身

時間と料金の目安／2時間半 15万円～20万円

■講演テーマ／共感力を駆使した「強いチーム」の作り方

■得意なテーマ／「共感力」で組織を活性化させるリーダー作り
チームの団結力の強化
経営の世界におけるコミュニケーションの「原理・原則」
本音を話させるコミュニケーション力をつける
スタートアップ起業の応援

■最近のテーマ／共感マネジメントの真髄　リーダーに必要な「共感力」

■主な依頼先／金融機関、民間企業　商工会議所、大手金融機関、大手民間企業

■年間講演回数／20回～30回
■マスコミほか主な活動／TV出演：KBS京都「びわ湖バイタル研究所」レギュラーコメンテーター
■著書：『困った部下が最高の戦力に化ける　すごい共感力マネジメント』（ユサブル）
■必要機材／プロジェクター

■連絡先／〒530-0004
大阪市北区堂島浜2-2-28
堂島アクシスビル4階　SYNTH
TEL090-3493-3471
mail nakata@p-c.jp
URL http://www.sky-cslt.co.jp/

　企業の販売促進プロデュース、講演・セミナー活動、コンサルティングという3つを軸にした事業を展開する株式会社 S.K.Y.の代表取締役を務める。経営者や管理職のサポート業務を手掛けるようになったのは、様々な業界の人々と接するうちに「その専門分野では一流であっても経営や部下の管理に関してしっかりと学んできた人は少なく、その方法に困っている」ということに気づいたからだった。

　また、リーダー育成プロジェクトの開発にも従事。さらに、著書『困った部下が最高の戦力に化ける　すごい共感マネジメント』は版を重ね、台湾での翻訳出版も決まるなど、まさに八面六臂の活躍ぶりだ。いずれの業務もその高いクオリティから、クライアントの依頼が殺到している。

　大学卒業後、20年間一部上場企業で営業を経験。そのうち7年間は営業課長として部下をまとめ上げた実績を持つ。独立後は中小企業診断士の資格を取得。や

がてクライアントからの絶大な信頼を集めるようになり、「ぜひ社員の前で話をしてほしい」と講演の講師として招かれるようになった。

■困った部下を最高の戦力に変える"共感力"

講演回数は年に20回から30回。全国を行脚する。主に経営者や部下を持つ企業の管理職が対象だ。それぞれ"コミュニケーションなどがうまくいっている部下"やいわゆる"困った部下"を抱えているが、後者は生まれ付き問題があるというわけではない。なぜ彼らはそのようになってしまったのか。突き詰めると、上司の姿勢や態度がその原因を作り、"困った部下"を生み出してしまっていることもあるそうだ。「部下に嫌われたくないから迎合してしまう」「部下にナメられたくないから高圧的な態度をとってしまう」「部下の育て方がわからないので、何もしない」などの原因に、思い当たる人も多いのではないだろうか。

講演では参加者に「リーダーが大切にすべきものは"共感力"」と訴える。"共感力"とは文字通り他人に共感する力、すなわち相手の気持ちを汲み取る力、そして逆に相手にも自分の気持ち理解してもらう力のことだ。

前述した著書のなかでも、チームの力を強くする共感力の必要性を説いている。ここで提唱される"共感力"を高めるためのメソッドは5つ。①「感謝を伝える」②可能性を信じる」③「誤った行為を叱る」④「感情を共有する」⑤「チーム心を養う」という非常にわかりやすい実践しやすいものだ。

こうしたメソッドをはじめとして書籍は極めて濃い内容となっているが、講演ではさらに詳しく"共感力"やリーダー育成や人財育成に関する生の現場の話を聞くことができる。

著書『困った部下が最高の戦力に化けるすごい共感マネジメント』

この"共感力"を駆使したマネジメントを身に付けることで、一体どのような変化が起こるのだろうか。まず、部下からの相談や報告が増え、キャッチできる情報量とクオリティが変わってくる。また、部下の心理や置かれた状況を慮るようになるだけでなく、部下も日々の仕事の中で上司の言葉や姿勢を思い出し、「上司ならどのようにするか」と考えられるようになる。こうして"困った部下"を最高の戦力に変えていくことにより、今ある人材リソースを最大限に生かすことが可能になり、メンバーが強く結びついてチームの雰囲気も改善され、結果的には業績アップにつながっていく。

真剣に聞き入る受講生のみなさん

部下の意識や仕事に対する姿勢を変えるには、叱り方も重要だ。単に高圧的な態度で叱るだけでは、彼らを育てることはできない。「愛厳（あいげん）、つまり愛と厳しさをもって接すること、また相手に伝わりやすい、相手が受け入れやすい言葉を使うことが大切になります」

講演の特徴として女性参加者が多いということも挙げられる。"共感力"は、母親、主婦、フリーランスで働く女性にも重要な力で、夫婦生活や子育て、仕事の幅を広げるためにも役立つ汎用性の高いものだ。たとえば前述の部下を子どもに置き換えてみると、子育てにも"共感力"が必要になることがわかるだろう。この力を生かして子どもの能力を高めたり、成長させたりすることができるようになる。

■すぐにできる具体的な方法を伝授

こうした幅広い層の参加者に対し、伝える内容は基本的に同じであっても、相手の職業に合わせて心に響く言葉や事例を取り上げるように工夫を凝らしている。経営者に対しては、スポーツやニュースなどに関連した事例、母親には子育てに関する話題や学校で起こっていること、フリーランスであればネットワークの作り方やその活用方法など、興味がありそうな話を盛り込む。自らが会社の経営者であり、3人の子どもを持つ父親だからこそ、机上の空論ではない、実際の経験と知識に基づく重みがある内容に多くの人が惹きつけられるのだろう。

また、講演内容や主催企業によっては、話が一方通行にならないように、講演にワークを取り入れて参加形式にする場合もある。個人または少人数のワークを行うことは、内容への理解を深めることに多いに役立つ。たとえば理想のリーダーを見つけるワークでは、一定の時間をとって、参加者自身にとっての理想のリー

ダー像を探してもらう、あるいは逆にこんな上司はいやだという特徴を見つけてもらう。これは、自分が心から求めるリーダー像に気づき、それをクリアにすることで、自分自身をその姿に近づけていくきっかけをつかむためだ。

当然のことながら講演は毎回盛況。「明日からできる具体的なことがわかった」「頭ではわかっていたことだが、実際に全くできていないことを認識した」「すぐに実行に移したい」と参加者のモチベーションはかなりアップする。講演後の参加者の満足度も極めて高く、ほとんどの企業からリピートで講演依頼があるというのも頷けるだろう。

■アスリートのセカンドキャリア支援を開始

2019年4月にはアスリートのセカンドキャリアを支援するための一般社団法人S.E.A（Sales force Education for Athletes）を立ち上げ、理事長に就任した。設立のきっかけは数年前に出会った、まだ20代の元アスリートの「僕の人生のピークは20歳だった」という言葉だ。それに大きな衝撃を受けたが、その場で「この先の人生の方が長い。そしてもっと良いことや楽しいことがこの先に待っている」と諭した。だが、それだけで終わらず、マンツーマンで人間力と営業力を身に付けるために指導を行い、さらには就職まで世話をする。後年、彼はその会社で大きく成長し、採用した社長から感謝をされたという。

自身も長年野球を続け、関西大学4回生のときには日本代表として海外に遠征した経験も持つ。「輝かしい成績を残しても、セカンドキャリアで迷うアスリートは少なくありません。国内にはそれに対するコンサルティングや教育、就職に個別に対応する組織があっても、その全体を担う仕組みがまだ確立してないのが実情なので、自分が作ってしまおうと思ったのです」と設立の理由を語る。

困難に直面している人々をサポートし続けることができるのは、生来備わる思いやりの心と行動力があるからこそ。今は従来の活動を続けながら行う、新たな取り組みへの気概に満ちている。

勢いのある中田先生の講義

経営・ビジネス

西田淑子(にしだ・としこ)……サクセスインサイド・コミュニケーション代表

●アピールポイント／冷静で客観的、論理的な説明を心がけます。また、どのような状況や環境、内容であっても、依頼があれば私自身のスタイルを柔軟に適応させて対応することを行います。

●1962年 7月30日生まれ　兵庫県尼崎市出身

時間と料金の目安／講演:1時間 5万円 3時間 20万円

■講演テーマ／個人の力を活かすコミュニケーション

■最近のテーマ／職場における適切なコミュニケーション

■主な依頼先／矯正施設でコミュニケーション研修、2018年度まで大学でホスピタリティ産業論担当

■著書名／『未来の期待に応えるために』(ギャラクシーブックス)

■連絡先／〒170-0005
東京都豊島区南大塚3-53-2　大塚タウンビル3階
(株)三楽舎プロダクション
TEL 03-5957-7783
FAX 03-5957-7784
mail hk@sanrakusha.jp

二宮恵理子(にのみや・えりこ)…
カラースクール イマジネーションカラーズ代表、一般社団法人国際カラープロフェッショナル協会代表理事
文部科学省後援 A・F・T１級色彩コーディネーター(色彩検定1級)
東京商工会議所認定　1級カラーコーディネーター

●アピールポイント／人の心をつかんで離さないカラーテクニックの専門家として人・商品・ビジュアル・インテリア・エクステリアの5つの分野でカラー提案を行っている。

●1963年 5月14日生まれ　大阪市出身

時間と料金の目安／その都度、相談による

■講演テーマ／見た目が100％の時代がくる！ ビジネスを成功させるカラーマーケティング研修

■最近のテーマ／婚活パーソナルカラーセミナー／マナーメイク研修／色と心の心理学セミナー／

■主な依頼先／教育機関、行政・官公庁、一般企業、団体

■マスコミほか主な活動／関西テレビ「よ～いドン！」、ＦＭラジオレギュラー番組「えりこのミラクルカラーマジック」、ユーストリーム番組「2.5色(Color)ッット」を担当など

■連絡先／〒170-0005
東京都豊島区南大塚3-53-2　大塚タウンビル3階
(株)三楽舎プロダクション
TEL 03-5957-7783
FAX 03-5957-7784
mail hk@sanrakusha.jp

野澤直人 (のざわ・なおひと)
スタートアップ専門の広報PRコンサルタント
株式会社ベンチャー広報代表取締役

- ●アピールポイント／スタートアップ専門のPR会社の代表として、累計300社以上の広報活動を支援。
- ●1971年9月17日生まれ　さいたま市出身

時間と料金の目安／1.5時間　30万円

■講演テーマ／プレスリリースは送るな！ 小さな会社の実践広報講座

- ■最近のテーマ／プレスリリースは送るな！ 小さな会社の実践広報講座
- ■主な依頼先／銀行、ベンチャーキャピタル、経営者団体
- ■著書名／『【小さな会社】逆襲の広報PR術』（すばる舎）

■連絡先／〒170-0005
東京都豊島区南大塚3-5-2　大塚タウンビル3階
(株)三楽舎プロダクション
TEL 03-5957-7783
FAX 03-5957-7784
mail hk@sanrakusha.jp

パラダイス山元 (ぱらだいす・やまもと)
公認サンタクロース／餃子の達人／マン盆栽家元／ミリオンマイラー
株式会社よしもとクリエイティブ・エージェンシー

- ●アピールポイント／広告費0円で17年続いた会員制高級餃子専門店「蔓餃苑」、飲食店では異例の収益率9割の理由についてお教えいたします。
- ●「餃子界の帝王」超大物俳優・アイドルが足繁く通う日本一予約が困難な『蔓餃苑』オーナーシェフ！ グリーンランド国際サンタクロース協会認定公認サンタクロース約180人の内、アジアでは唯一の公認サンタクロース
- ●1962年11月19日生まれ　北海道札幌市出身

時間と料金の目安／その都度、相談による

■講演テーマ／広告費0円の餃子屋で一人10万円のコースが成立する理由

- ■最近のテーマ／お父さんのためのサンタクロース講座、ミリオンマイラー・パラダイス山元の地方空港搭乗率大幅アップ作戦
- ■主な依頼先／官公庁、商工会議所一般企業、地方行政など

■著書名／『パラダイス山元の飛行機の乗り方』（新潮文庫）『餃子の作り方』（光文社）『なぜデキる男とモテる女は飛行機に乗るのか？』（ダイヤモンドビッグ社）『GYOZA The Ultimate Dumpling Cookbook』（チャールズ・イー・タトル出版）※英語

■連絡先／〒160-0022
東京都新宿区新宿5丁目18-21
電話　03-3209-8271
FAX　03-3209-8272
mail　omakase@yoshimoto.co.jp
URL　www.yoshimoto.co.jp

経営・ビジネス

福田剛大（ふくだ・たけひろ）
名刺の専門家・日本名刺協会理事
サイ・クリエイション代表

●アピールポイント／名刺・チラシなど販売促進ツールのセミナー・研修を全国各地で行っている。
●1968年6月25日生まれ　岩手県遠野市出身

時間と料金の目安／その都度、相談による

■講演テーマ／仕事が取れる名刺・名刺交換・チラシ・ビジネスプロフィールの作り方

■主な依頼先／商工会議所、リコージャパン株式会社
■マスコミほか主な活動／NHK WORLD NEWSLINE、TBS「マツコの知らない世界」、テレビ朝日「池上彰のニュースそうだったのか」、KBS「ゆうさんの琵琶湖バイタル研究所」、スカパー「MONDO Times」、J:COMチャンネル埼玉「ギュっとさいたま」、CRKラジオ関西谷五郎のこころにきくラジオ、文化放送「くにまるジャパン」「福井謙ニグッモニ」RKBラジオ「開店！ウメ子食堂」、東京FM「アポロン」アポロンの秘密、ラジオNIKKEI「カイロスの選択」他多数
■著書名／『仕事が取れるすごい名刺交換5つの鉄則』（学研パブリッシング）

■連絡先／〒170-0005
東京都豊島区南大塚3-53-2　大塚タウンビル3階
（株）三楽舎プロダクション
TEL 03-5957-7783
FAX 03-5957-7784
mail hk@sanrakusha.jp

プロギャンブラーのぶき（ぷろぎゃんぶらーのぶき）
プロギャンブラー

●アピールポイント／15年間カジノ勝負で勝ち続け、世界を6周した経験から、様々な講演依頼が殺到。
●1971年11月5日生まれ　東京都板橋区出身

時間と料金の目安／1.5時間　10万円

■講演テーマ／ビジネスで勝つ8つの術、目標作り＆達成術

■最近のテーマ／日本に来るカジノ、ビジネスの勝ち方、投資の勝ち方、スピーチの作り方
■主な依頼先／商工会議所、ロータリークラブ、東大の学園祭、都道府県の中小企業団体中央会
■マスコミほか主な活動／連載⇒日刊SPA！、ほか。テレビ⇒嵐にしやがれなど、10回以上。インタビューされた回数、東洋経済など50回以上。
■著書名／『勝率9割の選択』（総合法令出版）

■連絡先／〒170-0005
東京都豊島区南大塚3-53-2　大塚タウンビル3階
（株）三楽舎プロダクション
TEL 03-5957-7783
FAX 03-5957-7784
mail hk@sanrakusha.jp

本多志保（ほんだ・しほ） Global Core代表、ブランディングディレクター／ファッションコンサルタント

- アピールポイント／個人起業家や会社経営者、メンター業の方に向け影響力をつける為に思考や外見のブランディングを行っている。
- 1976年3月22日生まれ　香川県高松市出身

時間と料金の目安／1.5時間　12万円

■講演テーマ／選ばれる自分になる方法、カッコいい仕事服の着こなし方、女性を惹きつけるファッションセミナーなど

■最近のテーマ／選ばれる自分になる方法、カッコいい仕事服の着こなし方女性を惹きつけるファッションセミナーなど

■マスコミほか主な活動／四国新聞かがわ経済レポート、KOMACHI FM高松「本多志保のOSHARE-BU Radio」パーソナリティー、西日本放送ラジオ「雨の日晴れの日曇りの日」出演、ゆめのたねラジオ出演、ホンマルラジオ出演

■連絡先／〒170-0005
東京都豊島区南大塚3-53-2　大塚タウンビル3階
(株)三楽舎プロダクション
TEL 03-5957-7783
FAX 03-5957-7784
mail hk@sanrakusha.jp

三根早苗（みね・さなえ） 経営コンサルタント、起業コンサルタント、有限会社パワーエンハンスメント代表取締役

- アピールポイント／2004年より女性の起業支援に取り組み1000人以上の起業をサポートしてきました。
- 1973年6月8日生まれ　佐賀県嬉野市出身

時間と料金の目安／1.5時間　10万円

■講演テーマ／女性が起業して自分らしく生きる

■最近のテーマ／女性向け創業塾
■主な依頼先／市町村、男女共同参画課、商工会議所など

■連絡先／〒170-0005
東京都豊島区南大塚3-53-2　大塚タウンビル3階
(株)三楽舎プロダクション
TEL 03-5957-7783
FAX 03-5957-7784
mail hk@sanrakusha.jp

経営・ビジネス

樋口智香子（ひぐち・ちかこ）

接客コンサルタント、人材育成・マナー・コミュニケーション講師
アカデミー・なないろスタイル代表取締役表

●アピールポイント／大手化粧品会社やテーマパークで接客スキルを磨いた後、心理学とマナーを融合したメソッドを確立。女性視点の丁寧な接客術は、全国の企業・自治体、97％が満足と高評価。

●千葉県出身

時間と料金の目安／2時間　15万円〜

■講演テーマ／お客様を夢中にさせる接客術－男性と女性の購買視点の違いを知る－

■最近のテーマ／接客マナー、販売スキル、クレーム対応、コミュニケーション、婚活セミナー、ビジネスマナー研修、メイクアップ研修、テーブルマナー研修
■主な依頼先／商工会、商工会議所、企業、法人会、各種学校
■年間講演回数／年間　100回
■マスコミほか主な活動／フジテレビ「めざましテレビ ココ調「女性がキュンとするエスコート」、長野ケーブルテレビ「ほっとタイム」、株式会社三陸新報社 三陸新報「来客応対などを学ぶ～新社会人対象にセミナー～」、地域新聞社 成田北総版「ママのための愛されマナー」、ほか多数、小学館@DIME「クレーム対応でやってはいけない7つのこと」、小学館Precious.jp「周囲から信頼を得るために取り入れたい10の良習慣」、ELLEオンライン「入園前に知っておきたい！ママ友づきあいのルール」、(株)サイファ「gloss」婚活ガイド 監修、長野ケーブルテレビ「ほっとタイム」、伊豆新聞「信頼・好感を得るビジネスマナー」、岩国ケーブルTV「デイリーi」、(株)三陸新報社 三陸新報「来客応対などを学ぶ～新社会人対象にセミナー～」地域新聞社 成田北総版「ママのための愛されマナー」
■著書名／「気品あふれる花嫁になるための淑女レッスン 男性のハートを射止める女性になる12の方法」(株式会社ブックビヨンド)、「シーン別にわかる！ 愛されマナー予習帳」(株式会社ブックビヨンド)
■講演実績／青森県十和田商工会議所、千葉県船橋商工会議所、岡山県西大寺法人会、山口県岩国商工会議所ほか 「お客様を夢中にさせる接客術」、埼玉県さいたま商工会議所青年部「デキる大人の愛されマナー術」、東京都武蔵野法人会「キラッと光る！ビジネスマナー」など
■必要機材／プロジェクター、スクリーン、ホワイトボード、マイク

連絡先／〒104-0061
東京都中央区銀座7-13-6 サガミビル2階
アカデミー・なないろスタイル
mail info@nanairostyle.jp
URL http://www.nanairostyle.jp/、
https://ameblo.jp/chicaco777/（ブログ）、
https://www.facebook.com/chikako.higuchi.5 (Facebook)

　研修、セミナー、個人のマナー講座など、指導人数は延べ10000人以上。他、コラム執筆、雑誌記事監修など、幅広く活躍。親しみやすい人柄から、教育機関や結婚相談所など、多くの組織や団体から支持を受けている。

　女性の心理に精通する先生が行う講演のテーマは、「男性と女性の購買視点の違い」「女性のお客様にファンになってもらう秘訣」など、どの業界にとっても必要不可欠なもの。内容も具体的でわかりやすいと好評を博しており、集客は通常の1.5倍以上になるという。

　近年では「接客業はAIに取って代わられる」と危惧されることもあるが、先生はそれに疑問を呈する。「〝人間にしかできない接客〟があると思っています。そのためにも接客スタッフとして、一人ひとり輝いてほしいですね」と意欲あふれる思いが伝わってくる。

ビジネスマナー講演風景

■セミナー事例1 【女性職員セミナー】海上保安庁 第三管区海上保安本部様
　海上保安庁にて女性職員を対象にメイクアップ・マナー・コミュニケーション研修を実施。参加者は30名。海上保安官だけあって、礼儀正しく機敏な動き、伝えたいこともすぐに察してくれた。
・海上保安官のためのメイクアップ講座
・ビジネスマナー
・コミュニケーションスキルの向上
・男女間ビジネスコミュニケーション
・女性が生き生きと働くためのマインド
　講義後、上司と部下がどんなコミュニケーションをとればうまくいくか、グループディスカッションを行い「ぜひ、同じ内容を男性にもしてほしい」という声があがった。

■セミナー事例2 【接客セミナー】近江八幡商工会議所様
　写真・映像業、ナッツ専門店、リフォーム業、柔道整復師、化粧品店、ホテル業等
・自分の強みを活かしたおもてなし
・お客様プロファイリングのワーク
・口コミの起きる仕組み
・2種類のお客様感動体験
・男性と女性の購買視点の違い
・女性客へのゴールデンルール・接客マナー　他
「売りたいではなく、メリット・魅力を伝えることを無意識でできるように意識してゆきます」などの確信を得た感想をもらう。

著書『気品あふれる花嫁になるための淑女レッスン 男性のハートを射止める女性になる12の方法』(株式会社ブックビヨンド)

『シーン別にわかる!愛されマナー予習帳』(株式会社ブックビヨンド)

DVD講座『社員の接客力を高める! ビジネスマナー講座』

経営・ビジネス

茂木久美子（もぎ・くみこ）………… 14年で1000名の起業をサポート

●アピールポイント／接客販売のノウハウにとどまらず、人としての在り方や心を伝え延べ1500回以上の講演を行っている。
●1980年2月9日生まれ　山形県天童市出身

時間と料金の目安／その都度、相談による

■**講演テーマ**／人の5倍売る技術〜テクニックより大切なもの〜／おもてなしの心を大切に

■**最近のテーマ**／殻を割って気づく、人と企業の新たな可能性〜KARAWARI〜

■**主な依頼先**／全国の企業（小売・流通・卸・サービス・金融・保険・鉄道・自動車・石油・美容・ホテル・IT・日本郵便　など）、団体、農業協同組合（JA）、商工会議所、m商工会、法人会、青年会議所、学校（中・高・大学）、病院、地方自治体

■**連絡先**／〒170-0005
東京都豊島区南大塚3-53-2　大塚タウンビル3階
（株）三楽舎プロダクション
TEL 03-5957-7783
FAX 03-5957-7784
mail hk@sanrakusha.jp

望月 優（もちづき・ゆう）

社会福祉法人 国際視覚障害者援護協会理事
株式会社アメディア代表取締役

●アピールポイント／全盲の会社経営者。新しいことへのチャレンジ精神にあふれ全盲の人がどんな本でも読める画期的な機器「よむべえ」を開発。北京に支社を出すなど次々に壁を突破していく起業家精神は、スタートアップ企業の経営者からも絶大な支持をされている。● 1958年1月28日生まれ　静岡県出身

時間と料金の目安／1.5時間あたり10万円（相談可）

■ **講演テーマ**／創業者支援　スタートアップ企業への支援　セルフコントロール　心の持ち方　壁を突破するという心構え　障碍者雇用について

■ **得意なテーマ**／元気になる心の持ち方、経営の苦労話、目標の持ち方　モチベーションアップ

■ **最近のテーマ**／創業支援、組織作り入門、人生設計と自己現実、人を活かす経営、Webサイトと障害者

■ **主な依頼先**／全国重度障害者雇用事業所協会　ねりま若者サポートステーション　TKC出版　中小企業家同友会　盲学校

■ **年間講演回数**／年間20回

■ **マスコミほか主な活動**／月刊誌「致知」掲載「弱者にやさしい会社の話」（坂本光司著）にて掲載

■ **連絡先**／〒176-0011
東京都練馬区豊玉上1-15-6
第10 秋山ビル1階　株式会社アメディア
TEL03-6915-8597 FAX03-3994-7177
mail moch@amedia.co.jp
URL http://www.amedia.co.jp/

　生まれついて視覚障害があり6歳で完全失明した。盲学校を経て麗澤大学ドイツ語学科を卒業、80年代にコンピュータと出会い、障害者の救済ツールとしての可能性を見出す。

　これをきっかけに視覚障害者の読書・情報収集を支援する機器やソフトウェアの開発・販売する会社を起業。以来30年にわたって経営し、音声拡大読書機「よむべえ」などを発表し支持されている。北京に支社を出し活躍の場も広げている。

　同時に、創業と経営に関する講演を数多くこなし、「起業は情熱がなければ始まらないが、情熱だけでは経営はできない」と指摘する。その起業家スピリットはこれから会社を興やす人やスタートアップ企業の経営者から支持されており、勉強会なども開催している。

　壁にぶつかりやすい時代である。これは若者からシニアまで同様である。望月優先生はそんな人々を元気づける講演者として絶大な人気がある。メルマガを発信しており、そのタイトルが「可能性　決めているのは君自身　一歩歩めばぐっと広がる」というように、元気になる内容が多い。

　自らの経験を糧に得た、あきらめないでやり通す姿勢は、周りの人を巻き込み元気にしていく力がある。

　望月先生の講演を聞いた人は勇気をもらったと笑顔になっていく。

　スポーツ好き。休日は水泳やマラソンを楽しんでいる。

経営・ビジネス

本山千恵 (もとやま・ちえ) ………… ここくりあ主宰

●アピールポイント／24年間の看護師経験とカラーセラピスト養成実績150名以上を基盤に、医療介護の視点からの終活や心豊かな人生を送るサポートなどの活動を行うと共に一般社団法人終活協議会の認定講師として終活ガイド検定セミナーを開催している。
●愛媛県松山市出身

■時間と料金の目安／応相談

■講演テーマ／終活　カラーセラピー　心豊かなライフデザイン

■主な依頼先／介護福祉医療
■年間講演回数／7～8回
■マスコミほか主な活動／インターネットラジオゆめのたね放送局　インターネットラジオ今治ラヂオバリバリ　インターネットラジオホンマルラジオ　マイベストプロ愛媛（Webサイト）
■講演実績／エンディングノートセミナー（一宮団地公民館）　終活・延命治療を考える（株式会社ダイニチ建設）　カラー：リフレーミングで伝わるコミュニケーション（株式会社ぽると）　介護職員初任者研修（株式会社CPI）　介護教育訓練（株式会社CPI）　モーニングセミナー講話（倫理法人会：新居浜別子・西条西・松山北）

■連絡先／愛媛県松山市勝山町
TEL090-1008-1167(10:00-18:00)
mail atelier_hikari@yahoo.co.jp
URL マイベストプロ愛媛 https://mbp-japan.com/ehime/cococuria/
ここくりあホームページ http://cococuria.com/

　カラーのマスタートレーナーとして、カラーセラピスト養成の講師活動とともに、看護師の豊富な経験を活かした医療介護の視点からの終活に関する講演に力を入れている。
　終活のイメージは人生のエンディングに関わることというイメージが先行する中で、実際に看護の現場で見てきた「生きる」ための「死」との向き合い方。その死生観が原点となり、未来を心身ともに豊かに生きるための終活、そのためのライフデザインをサポートしている。
　カラーと終活という一見関わりがなさそうなテーマだが、「今」「ここ」を「自分らしく」生きることに向き合うという点で大きく関連する。過去、現在、未来をどう生きてきたか、そしてどう生きたいのか。超高齢社会に向けて考えておかなければならない数々のテーマに向き合えるように準備するのは何が必要か。「今、できること」を伝えることによって、自分にとっての本当に大切な人や物を知り感謝し、明るく色彩豊かな人生を安心して送るための秘訣を伝えている。
　講演会では「自分らしさ」と「社会の中での自立」を伝えることで、「自分自身で未来を構築する選択肢が確認できた」「悲観的だった今後の人生が、明るく思える」など好評を得ている。

八巻理恵（やまき・りえ）
Art self 代表
人材育成コンサルタント

●アピールポイント／組織で働く方々の人間力を向上させる研修を通して、離職率の低下、能力開発に貢献している
●1952年12月25日生まれ　東京都大田区出身

[時間と料金の目安／その都度、相談による]

■講演テーマ／セルフコーチング　感情コントロール、コミュニケーション、アサーション、コーチング

■最近のテーマ／セルフコーチング、コミュニケーション、アサーション、感情コントロール
■主な依頼先／官庁、企業、医療、介護、学校

■マスコミほか主な活動／官庁、企業、医療、介護、学校における研修や個別のコーチング
■著書名／『セルフコーチング』（文芸社）

■連絡先／〒170-0005
東京都豊島区南大塚3-53-2　大塚タウンビル3階
（株）三楽舎プロダクション
TEL 03-5957-7783
FAX 03-5957-7784
mail hk@sanrakusha.jp

渡邉英理奈（わたなべ・えりな）
株式会社 LIFRADE 代表取締役
業務効率化コンサルタント

●アピールポイント／東北大学卒。元トヨタ人材育成。社内でトヨタ独自のメソッドの講師、研修企画を経験
●1985年12月31日生まれ　宮城県仙台市出身

[時間と料金の目安／その都度、相談による]

■講演テーマ／社員のミスやムダを0にする！トヨタ流業務効率化

■最近のテーマ／社員のミスやムダを0にする！トヨタ流業務効率化
■著書名／『トヨタ社員だけが知っている　超効率仕事術』（フォレスト出版）

■連絡先／〒170-0005
東京都豊島区南大塚3-53-2　大塚タウンビル3階
（株）三楽舎プロダクション
TEL 03-5957-7783
FAX 03-5957-7784
mail hk@sanrakusha.jp

経営・ビジネス

刑事塾塾長
経営者の「人の悩み」解決コンサルタント
株式会社ClearWoods／クリアウッド代表取締役

森 透匡（もり・ゆきまさ）

●アピールポイント／知能・経済犯担当刑事として、詐欺、横領、背任事件などに長く携わる。独立後は刑事のスキルである「ウソや人間心理の見抜き方」を教える「刑事塾」を開講。全米NLP協会・日本NLP協会認定NLPプラクティショナー。●1966年生まれ　千葉県出身

時間と料金の目安／応相談

■講演テーマ／ビジネスで役立つウソや人間心理の見抜き方

■得意なテーマ／採用、商談、詐欺防止などで役立つウソの見抜き方シリーズ
■最近のテーマ／刑事の取調べ術を学ぶ！相手のホンネの引き出し方　など
■主な依頼先／大手企業（金融、保険、不動産、新聞など多業種にわたる）、事業者団体他　日本政策金融公庫、みずほ総研、十六銀行、香川銀行、鹿児島銀行、ジブラルタ生命など〜「ビジネスで役立つウソの見抜き方」　ソフトバンク、NTT東日本、JXエネルギー、日立製作所、日本電気（NEC）など〜「刑事の安全管理術」　神戸製鋼、三井不動産、朝日新聞、プルデンシャル生命など〜「採用面接での応募者のウソや人間心理の見抜き方」　東京消防庁、埼玉県上尾市役所、さいたま市暴力排除推進協議会など〜「元刑事が教えるダマされない技術」
■年間講演回数／年間180回以上
■マスコミほか主な活動／『元刑事が教えるウソと心理の見抜き方』(明日香出版社)　雑誌・新聞掲載：朝日新聞、読売新聞、日本経済新聞、プレジデント、女性セブンなど　テレビ出演：テレビ朝日「モーニングバード」、日本テレビ「スッキリ!!」、TV東京「じっくり聞いタロウ」、ABC朝日放送「雨上がりのAさんの話〜事情通に聞きました」など
■必要機材／プロジェクター、スクリーン、PC（Power Point）、ワイヤレスマイク、演台

■連絡先／〒260-0014
千葉市中央区本千葉町10-23
ライブリー中央2-2
株式会社ClearWoods／クリアウッド
TEL043-307-9915
お問い合わせメール　info@clearwoods.co.jp
URL http://clearwoods.co.jp/
詳細は「刑事塾」で検索

■元刑事のコンサルタント

　元刑事という異色の経歴を持つコンサルタントとして、年間180回以上の講演やセミナーで全国を飛び回る森先生。約20年の刑事の経験から導き出した〝ウソや人間心理の見抜き方〟を伝授する。このスキルが学べる〝刑事塾〟は、ビジネスや日常生活でおおいに役立つと、民間企業や公共団体などの講演主催者や参加者の間で大きな話題を呼んでいる。

　千葉県出身で子供のころから野球漬け、高校も強豪校に進学して甲子園を目指した。一方、ドラマで活躍する刑事に憧れ、卒業後は夢を叶えて警察官に。「野球部で精神的に鍛えられたことが、警察官になっても役立ちました」と先生は当時を振り返る。警察官から刑事になった後は主に詐欺や横領、背任、選挙違反などの知能

犯、経済犯の取り調べを担当した。

独立のきっかけは東日本大震災だった。広域緊急援助隊の中隊長として福島県に派遣された際、第一原発の水素爆発に遭遇する。このときに「人間には何があるかわからない、ほかのことにも挑戦したい」という思いを強くし、起業を決意した。

聴く側の集中度が高い講義

■ビジネス堺で大注目！ 「ウソを見抜く方法」を教える刑事塾

ビジネスの世界に入ることを見据え勉強をし始めた先生は、騙されて詐欺にあったり人間関係のトラブルを抱えたりする人の役に立つ方法はないだろうかと考えた。それは現職の時から多数の騙される人を見てきたからだ。そして、自分自身が培ってきた〝ウソを見抜くスキル〟を世の中に伝え、多くの人に自分の身や会社を守ってもらいたいと日々考えるようになった。その後、2000人以上の犯人や参考人の取り調べや事情聴取を行った経験と知識を体系化し、誰もが使えるようにした独自のスキルを編み出して刑事塾を開講する。実はアメリカではすでに、FBIやCIAの捜査官出身者がこうしたスキルを企業に教える会社を興しているが、日本ではほかにほとんど例がなく森先生がパイオニアだ。

講演の依頼者は主に民間企業で、これまでにも多くの経営者や経営幹部、営業マンなどが参加してきた。テーマは、「採用面接で役立つウソの見抜き方」「損保会社の実務に役立つウソの見抜き方」「保護者向けのグレない子どもの育て方」「安全大会向けの刑事の安全管理術」など多岐にわたる。「企業の悩みのひとつは、採用する人材や取引先など人に関連すること。その解決の土台がコミュニケーション技術です。この技術を身につければ、人の採用や商談がスムーズに運ぶようになりますよ」

具体的にウソを見抜くにはどうしたらよいのか。「こちらから質問を投げかけることは手段のひとつです」と先生は言う。質問が刺激となって、相手の仕草や顔の表情、話し方にウソのサインが出てくるというのだ。先生が着目したのはこ

の非言語コミュニケーションの部分。言葉はごまかしやすいが、それとは別のところに、相手の心理が表れるという。

　ビジネスの関連に次いで依頼が多いのが、年金受給者など高齢者を対象にした講演だ。金融機関や公共団体などが主催するもので、オレオレ詐欺被害を防ぐことが目的。講演では、「息子が会社のお金を使いこんだ」など具体的な電話の内容、声の抑揚などの詐欺の特徴などをわかりやすく伝え、こうした手口に騙されないように促す。これにより、高齢者は自分のお金と身を守るための心構えができるようになる。

■参加者が夢中になる〝捜査会議〟
　実体験に基づく説得力のある内容、ユーモアやジェスチャーを交えた分かりやすいスピーチ、ポイントを押さえたスライドなど、先生の講演が人々を惹きつける理由はたくさんある。会社のHPの動画などを見ていただければ、どれほど会場を湧かせているかが分かるだろう。

　また、通常の講演とは異なり、〝参加型〟を採用していることも大きな特徴といえる。「どんな有名な人の話でも、30分も聞いていれば飽きてきます。そこで〝捜査会議〟という時間を設け、私から問題を出して参加者に考えてもらっています」〝捜査会議〟では、先生が具体的な取り調べの事例を挙げ、そこに見られる犯人

心理をつかみ引き込んでいく

のウソのサインは何かという質問を参加者に投げかけて、みんなに考えて答えてもらう。〝刑事になったつもり〟で近くにいる人たちと意見を交わすという、何ともわくわくする時間である。

さらに、〝刑事の雑談〟というお楽しみコーナーでは、〝刑事ドラマのウソホント〟などを本筋の合間に入れて聴く人の好奇心をくすぐる。「〝取り調べ中にかつ丼を食べられるか〟、〝刑事はアンパンと牛乳を片手に張り込みをするのか〟などのトピックを出すと、皆さん面白がって聞いてくれますね」と先生も会場の反応に手応えを感じているようだ。「とにかく会場の後ろの方にいる人も眠らせない、飽きさせないぞという気持ちでやっています」という言葉から、講演にかける熱意が伝わってくる。

■群を抜く集客力と満足度

主催者の間では、刑事塾は高い集客力を誇ることでも知られている。〝元刑事が教えるウソの見抜き方〟という言葉のインパクトの強さ、内容の面白さ、スキルの有用性は、他の講演と一線を画す。参加者や主催者の感想では、「新規取引先の見極め方が明確になった」「2時間があっという間に感じた」「相手の答えを引き出す質問の方法がわかった」「相手の心理を読めるようになった」「視点が変わった」と満足度も極めて高い。だが先生はこれに甘えることなく、アンケートで指摘された点を改善し、刑事塾を常に進化させ続けている。

現在先生が視野に入れているのは、アメリカで現地の技術を学ぶこと。前述したように、同国では元FBI捜査官などが、自分の持つ技術を民間に提供するという例は珍しくない。そこでアメリカの警察の技術と先生のスキルを融合し、刑事塾を発展させていくことを考えているという。

また、「警察官としての経験から編み出した刑事塾のスキルを警察に逆輸入することを視野に入れ、警察に恩返しをしたい」とも語る。「現職の若い警察官たちにこれらを教えられればもっと日本の治安は良くなる。そうなったらうれしいですね」

著書 『元刑事が教えるウソと心理の見抜き方』
(明日香出版社)

科学・先端技術

科学・先端技術

明松真司 (あけまつ・しんじ)
塾講師、研修講師、著述業
合同会社 Haikara City 代表社員

● アピールポイント／AI、ディープラーニング、数学、プログラミング等の入門講座を全国で行っています。
● 1989年10月6日生まれ　北海道釧路市出身

時間と料金の目安／主催者の予算次第による

■ 講演テーマ／AIジェネラリスト養成、ディープラーニング入門、数学入門、プログラミング入門

■ 最近のテーマ／ディープラーニング入門、機械学習入門
■ 主な依頼先／スキルアップAI株式会社、一般社団法人宮城県情報サービス産業協会、ポリテクセンター宮城、公益財団法人仙台応用情報学研究振興財団、株式会社ナナイロ、クイック、イタレート株式会社
■ 著書名／『徹底攻略 ディープラーニングG検定 ジェネラリスト問題集』（インプレス）、『線形空間論入門』（プレアデス出版）

■ 連絡先／〒170-0005
東京都豊島区南大塚3-53-2　大塚タウンビル3階
(株)三楽舎プロダクション
TEL 03-5957-7783
FAX 03-5957-7784
mail hk@sanrakusha.jp

池谷裕二 (いけがや・ゆうじ)
東京大学教授、ERATO脳AI融合プロジェクト総括
博士（薬学）、著書多数、TVコメンテータ

● アピールポイント／脳科学や行動経済学や人工知能など、難しい最先端の専門的な話題を楽しく分かりやすく話題を提供します。
● 1970年8月16日　静岡県出身

時間と料金の目安／60分~120分　40万円~100万円

■ 講演テーマ／やる気の出し方、効率的な学習法・教育、AIと人類の未来、無意識の脳・直感、遺伝子と能力の関係

■ 最近のテーマ／脳とAIを融合させる研究を行っています。
■ 主な依頼先／高校、大学、企業研修など
■ 著書名／『脳はみんな病んでいる』（新潮社）※中村うさぎ共著、『パパは脳研究者 子どもを育てる脳科学』（クレヨンハウス）、『自分では気づかない、ココロの盲点 完全版 本当の自分を知る練習問題80』（講談社）、『大人のための図鑑 脳と心のしくみ』（新星出版社）、『脳には妙なクセがある』（扶桑社新書）他

■ 連絡先／〒170-0005
東京都豊島区南大塚3-53-2　大塚タウンビル3階
(株)三楽舎プロダクション
TEL 03-5957-7783
FAX 03-5957-7784
mail hk@sanrakusha.jp

井﨑武士 (いざき・たけし)
AIエバンジェリスト、エヌビディア合同会社エンタープライズ事業部事業部長
一般社団法人日本ディープラーニング協会理事

●アピールポイント／ディープラーニング、AIの最新情報、事例、人材育成等について多数講演を行っています。
●1973年10月13日生まれ　福岡県福岡市出身

時間と料金の目安／その都度、相談による

■講演テーマ／ディープラーニングの最新動向と産業応用

■最近のテーマ／ディープラーニングの最新事例、AI人材育成、AI開発の実際
■主な依頼先／官公庁および研究機関、大学、国内企業、各種展示会、業界団体
■マスコミほか主な活動／フジテレビニュース専門チャンネル「ホウドウキョク」、医用画像情報学会雑誌 Vol. 34

「ディープラーニングの最前線と医療分野への応用」寄稿、月刊インナービジョン 2017年7月号「ディープラーニングの技術開発の現状と展望」寄稿、日本シミュレーション学会学会誌 Vol.37「Deep Learning の様々な産業分野における応用例」寄稿

■連絡先／〒170-0005
東京都豊島区南大塚3-53-2　大塚タウンビル3階
(株)三楽舎プロダクション
TEL 03-5957-7783
FAX 03-5957-7784
mail hk@sanrakusha.jp

伊藤博之 (いとう・ひろゆき)
AI/ロボットエンジニア、経営ITコンサルタント
アトランティック・ホールディング株式会社代表

●アピールポイント／ intel主催 IoTハッカソン 2015東京大会優勝(ロボット出品)、「平賀源内」の血筋。
●1963年3月5日生まれ　東京都大田区出身

時間と料金の目安／1回10万円

■講演テーマ／AI人工知能ビジネスで10億円稼ぐ方法

■最近のテーマ／汎用人工知能AGIが変える社会
■主な依頼先／企業、青年会議所、教育機関
■マスコミほか主な活動／ TBSラジオ「AI共存ラジオ」準レギュラー出演、FMヨコハマ「小山薫堂の Future Scape」出演、ドイツTV取材対応、雑誌FORBES、NTT東日本オンラインセミナー講師ほか　自らモデル・俳優を行ない、モデル・タレントのプロデュースも行っている

■連絡先／〒170-0005
東京都豊島区南大塚3-53-2　大塚タウンビル3階
(株)三楽舎プロダクション
TEL 03-5957-7783
FAX 03-5957-7784
mail hk@sanrakusha.jp

科学・先端技術

大畠崇央 (おおはた・たかお)

現TSUTAYAのビッグデータ解析・AI研究統括
テーマパークでのインストラクター実績と
ディズニー社内での企画統括経験、シニアプロデューサー

●アピールポイント／ホスピタリティからビッグデータ、働き方改革まで多面的な経験を、まるでライブエンターテイメントのような講演会で語ります。
●埼玉県出身

■時間と料金の目安／その都度、相談による

■講演テーマ／夢をかなえる3つの魔法 〜未来のためにできること〜

■最近のテーマ／文系でも分かるビッグデータ・AI 〜技術と未来のホスピタリティとは〜
■主な依頼先／家電メーカー、食品メーカー、携帯電話会社、リゾート運営会社ほか100以上
■マスコミほか主な活動／新聞、雑誌、テレビ、ラジオ等

■著書名／『ディズニー流 感動を生む企画の秘密』(すばる舎)

■連絡先／〒170-0005
東京都豊島区南大塚3-53-2 大塚タウンビル3階
(株)三楽舎プロダクション
TEL 03-5957-7783
FAX 03-5957-7784
mail hk@sanrakusha.jp

巣籠悠輔 (すごもり・ゆうすけ)

東京大学招聘講師、JDLA有識者会員、
株式会社MICIN 取締役CTO

●アピールポイント／人工知能分野に関して、東京大学での講義他企業での講演・講義も多数行っている。
●1988年5月22日生まれ 東京都文京区出身

■時間と料金の目安／その都度、相談による

■講演テーマ／人工知能概論、機械学習・深層学習に関する理論・実装

■最近のテーマ／人工知能・ITの技術・人材
■主な依頼先／国内企業、大学、官公庁、社団法人
■マスコミほか主な活動／Forbes Japan オフィシャルコラムニスト

■著書名／深層学習教科書 ディープラーニング G検定(ジェネラリスト)公式テキスト

■連絡先／〒170-0005
東京都豊島区南大塚3-53-2 大塚タウンビル3階
(株)三楽舎プロダクション
TEL 03-5957-7783
FAX 03-5957-7784
mail hk@sanrakusha.jp

谷田優也 (たにだ・ゆうや) … ウェルプレイド株式会社代表取締役社長/CEO

●アピールポイント／「ゲームが上手い人、上手くなろうと頑張っている人が世間で高く評価される時代にしたい」という思いで2015年11月にウェルプレイドを設立。日本初のesports専門会社の設立者として、ゲーム関連分野で講師として活躍。
● 1982年10月8日生まれ　大阪市出身

■時間と料金の目安／その都度、相談による

■講演テーマ／eスポーツはどう社会を変えるのか

■最近のテーマ／eスポーツのチームやプロ選手が続々誕生！プレイヤーとゲーム会社、eスポーツ大会の幸せな関係とは？
■主な依頼先／コンピュータエンターテインメント協会、内閣府沖縄総合事務局、eSports conference 実行委員会など

■マスコミほか主な活動／「TGSフォーラム 2018」「eSports Conference」「Next Marketing Summit 2018」など多数登壇、その他にもJFN PARK「e-sports park」レギュラー出演、「WELLPLAYED JOURNAL」連載中など

■連絡先／〒170-0005
東京都豊島区南大塚3-53-2　大塚タウンビル3階
(株)三楽舎プロダクション
TEL 03-5957-7783
FAX 03-5957-7784
mail hk@sanrakusha.jp

野村直之 (のむら・なおゆき) … AI研究者、ITエンジニア、実業家、教育者、メタデータ株式会社代表取締役社長・理学博士

●アピールポイント／『最強のAI活用術』(日経BP社)に著した人工知能の産業応用の勘所を短時間で伝授すると共に学び方を紹介。
● 1962年2月10日生まれ　群馬県沼田市出身

■時間と料金の目安／1.5時間　55万円

■講演テーマ／AIの現実を踏まえた企業の競争戦略

■最近のテーマ／AIと医療、実務へのAI導入、AI人材育成、人工知能が変える仕事・産業の未来、AIとメディア、AIとRPA
■主な依頼先／官公庁、経済同友会、連合他労組、金融系企業団体、県医師会、医療系学会、情報系学会、IT関連協会、商社、製造業、流通・小売業、マーケティング業界、大学、私立中高、自治体、生産性団体
■マスコミほか主な活動／AERA、SPA!、東洋経済、プレジデント誌、日経サイエンス、日刊工業新聞、日本経済新聞、マンスリーみつびし2017年5月号「AIの世界」、日経ビジネスオンライン「Dr.ノムランのビッグデータ活用のサイエンス」連載26本、朝日地球会議2017に登壇。「なぜを問える人間は残る」、フジテレビ系Web TV「明日のコンパス」、東京MXTV、朝日放送「正義のミカタ」、NHK名古屋「ナビゲーション」、AI人材獲得競争、2018年11月30日・テレビ朝日「ビートたけしのTVタックル」

■著書名／『人工知能が変える仕事の未来』(日本経済新聞出版社)

■連絡先／〒170-0005
東京都豊島区南大塚3-53-2　大塚タウンビル3階
(株)三楽舎プロダクション
TEL 03-5957-7783
FAX 03-5957-7784
mail hk@sanrakusha.jp

科学・先端技術

山崎秀夫（やまざき・ひでお）
元野村総研シニア研究員、現在、メディアアナリスト
（株）ビートコミュニケーション企画顧問

●アピールポイント／依頼先の要望により時間や内容を柔軟に変更できます。日本中を飛び回ります。
● 1949年12月16日生まれ　岡山県岡山市出身

時間と料金の目安／1.5時間　5万～10万円

■講演テーマ／情報銀行、MaaS等のデータ駆動型社会、フィンテック、IoT、RPAやAI、自動運転など

■最近のテーマ／情報銀行、フィンテック、IoT、AI、RPA、キャッシュレス社会、テレビの未来
■主な依頼先／KDDI、ソフトバンクNTT各社、新社会システム総合研究所、金融財務研究会

■マスコミほか主な活動／NHK、日本テレビ、テレビ東京など、ラジオ出演先、TOKYO FM等多数
■著書名／『電子マネー革命がやって来る！』（財界研究所）

■連絡先／〒170-0005
東京都豊島区南大塚3-53-2　大塚タウンビル3階
（株）三楽舎プロダクション
TEL 03-5957-7783
FAX 03-5957-7784
mail hk@sanrakusha.jp

山田誠二（やまだ・せいじ）
AI研究者・教育者、AIコンサルティング、国立情報学研究所教授

●アピールポイント／人工知能 AIの研究，ビジネス応用を中心に，AI時代の人材育成，労働観の変化，社会導入から人とAIが協業する近未来社会についてお話しします。
● 1960年10月11日生まれ　兵庫県神戸市出身

時間と料金の目安／その都度、相談による

■講演テーマ／人工知能AIの基礎講座，これからのAI

■最近のテーマ／人間と協調する人工知能に向けて～AIを取り巻く現状とビジネスへの影響～
■主な依頼先／官公庁、国内の企業金融機関、自治体、商工会議所、学会大学

■マスコミほか主な活動／NHK日曜討論「活用広がる AI　社会はどう変わるのか」（2018年2月4日）に出演、NHKニュース、フジテレビ　TBSラジオ

■連絡先／〒170-0005
東京都豊島区南大塚3-53-2　大塚タウンビル3階
（株）三楽舎プロダクション
TEL 03-5957-7783
FAX 03-5957-7784
mail hk@sanrakusha.jp

働き方

働き方

新井セラ(あらい・せら)
株式会社ワーク・ライフバランス
ワーク・ライフバランスコンサルタント

●アピールポイント／英語力と世界基準での経験値・ビジョン、実践的な手法を駆使しながら、本質的な解決へと導く手法に定評がある。

時間と料金の目安／90分（質疑応答応相談）40万円（税抜き）2019年1月現在料金は予告なく変更される場合があります

■講演テーマ／働き方改革やワーク・ライフバランスの必要性や実現のためのマネジメント手法やスキル成功事例の紹介など関連する全般　女性活躍推進やダイバーシティマネジメント全般

■最近のテーマ／働き方改革やワーク・ライフバランスの必要性や実現のためのマネジメント手法やスキル、成功事例の紹介など関連する全般　女性活躍推進やダイバーシティマネジメント全般

■主な依頼先／行政・企業・労働組合
■マスコミほか主な活動／新聞雑誌からの取材、原稿執筆

■連絡先／〒170-0005　東京都豊島区南大塚3-53-2　大塚タウンビル3階
（株）三楽舎プロダクション
TEL 03-5957-7783
FAX 03-5957-7784
mail hk@sanrakusha.jp

磯輪吉宏(いそわ・よしひろ)
イソワテック株式会社
株式会社ワーク・ライフバランス認定上級コンサルタント

●アピールポイント／職場内の人間関係（環境）改善から、喜怒哀楽を共有し、本気で笑って泣けるチーム作りを完全サポートします。
●1975年7月9日生まれ　愛知県出身

時間と料金の目安／90分　10万円（交通費別）

■講演テーマ／①「あなたの周りはギクシャクしていない？　信頼関係UPで協力して成果のでるチーム作り基礎講座」
②「あなたの職場は大丈夫？　被害者・加害者にならないためのハラスメント講座」

■主な依頼先／企業・教育機関
■マスコミほか主な活動／学校関係の

活動実績
・中京大学経営学部講師プロジェクト研究
・日本総合ビジネス専門学校校内カウンセラー

■著書名／実務研究論文(中京大学大学院)「中規模以上の同族企業における事業承継時の諸問題に関する研究」

■連絡先／〒170-0005　東京都豊島区南大塚3-53-2　大塚タウンビル3階
（株）三楽舎プロダクション
TEL 03-5957-7783
FAX 03-5957-7784
mail hk@sanrakusha.jp

一之瀬幸生（いちのせ・さちお）
セントワークス株式会社
株式会社ワーク・ライフバランス認定上級コンサルタント

●アピールポイント／自社のWLB推進実体験（苦労や成功の秘訣）と企業への現場支援体験を交えてお伝えします。
●1975年4月14日生まれ　愛知県名古屋市出身

時間と料金の目安／30分～180分
10万～30万円（参加設定人数による）

■講演テーマ／なぜ働き方改革
優秀な人材確保と持続的な成長に向けて
残業半減＆利益165％を実現した取り組み事例
育児・介護でも活躍し続けられる職場作り
イチからわかる仕事と介護の両立セミナー

■主な依頼先／企業・労働組合・官公庁・行政など
■マスコミほか主な活動／自社のWLB取り組み取材（テレビ、新聞、雑誌等）アイデム人と仕事研究所コラム　等

■連絡先／〒170-0005
東京都豊島区南大塚3-53-2　大塚タウンビル3階
（株）三楽舎プロダクション
TEL 03-5957-7783
FAX 03-5957-7784
mail hk@sanrakusha.jp

伊藤伸也（いとう・しんや）
日本郵政株式会社
株式会社ワーク・ライフバランス認定上級コンサルタント

●アピールポイント／要望に合わせ内容はカスタマイズ、事例も豊富でアンケートでは常に満足度90％を超える人気講師。
●宮城県仙台市出身

時間と料金の目安／60分～120分基本10～20万円（応相談）

■講演テーマ／働き方改革・WLBをテーマに、生産性向上の本当の意味今までの仕事の仕方を変え、働き方も自らデザインしていくことを理解。人材育成、リーダーシップ組織風土改革のテーマでも講演

■主な依頼先／企業（大・中小）・官公庁行政他、大学病院、学校でも実績あり業種や規模・職種に関係なく対応
■マスコミほか主な活動／HRカンファレンスなどの人事系や組織風土改革などをテーマとしたセミナー・イベントで多数講演中
■著書名／【共著】
・『「日本郵便」流チーム・マネジメント講座』（幻冬舎）
・『ワイン男子101人の"もてなしワイン"300本』（日本ソムリエ協会）

■連絡先／〒170-0005
東京都豊島区南大塚3-53-2　大塚タウンビル3階
（株）三楽舎プロダクション
TEL 03-5957-7783
FAX 03-5957-7784
mail hk@sanrakusha.jp

働き方

今井久美子（いまい・くみこ）
国家資格キャリアコンサルタント
はたらぶスタイル代表

- アピールポイント／働く女性のための「折れない」考え方や、逆境下で成果を出す仕事術セミナーを行う。
- 1967年7月6日生まれ　千葉県船橋市出身

時間と料金の目安／その都度、相談による

■講演テーマ／逆境時こそ成果を出す、ぽきっと折れない働き方、女性がしなやかに働き続ける

■最近のテーマ／「逆境下でも折れない3つの考え方」「小さな『出来た！』を見つけよう」
■主な依頼先／国内の企業

■連絡先／〒170-0005
東京都豊島区南大塚3-53-2　大塚タウンビル3階
(株)三楽舎プロダクション
TEL 03-5957-7783
FAX 03-5957-7784
mail hk@sanrakusha.jp

大高智佳子（おおたか・ちかこ）
NEXT-STAGE　ネクステージ
株式会社ワーク・ライフバランス認定上級コンサルタント

- アピールポイント／PHP研究所認定ビジネスコーチ
（一社）日本アンガーマネジメント協会認定ファシリテーター
（一社）日本コミュニケーション能力認定協会1級

時間と料金の目安／90分　10万円

■講演テーマ／働き方改革のすすめと実践
女性の力を活かす
生産性向上につなげる組織内コミュニケーション
リーダーのためのアンガーマネジメント

■主な依頼先／企業・行政・各種団体など

■マスコミほか主な活動／元アナウンサーとして長年放送業務に携わったキャリアを生かし、組織内コミュニケーションを中心に人材育成の研修講師として活動中

■連絡先／〒170-0005
東京都豊島区南大塚3-53-2　大塚タウンビル3階
(株)三楽舎プロダクション
TEL 03-5957-7783
FAX 03-5957-7784
mail hk@sanrakusha.jp

大塚万紀子（おおつか・まきこ）
株式会社ワーク・ライフバランス取締役
ワーク・ライフバランスコンサルタント

●アピールポイント／高度なコーチングスキル、コミュニケーションスキルを活かしてさまざまな働き方改革を効果的に遂行し経営者から厚い信頼を得る。

時間と料金の目安／90分（質疑応答・相談）80万円（税抜き）2019年1月現在 料金は予告なく変更される場合があります

■講演テーマ／働き方改革やワーク・ライフバランスの必要性や実現のためのマネジメント手法やスキル、成功事例の紹介など関連する全般 女性活躍推進やダイバーシティマネジメント全般 起業・創業に関するテーマ 大学生・高校生などに向けたキャリアや生き方に関するテーマ

■最近のテーマ／働き方改革やワーク・ライフバランスの必要性や実現のためのマネジメント手法やスキル、成功事例の紹介など関連する全般 女性活躍推進やダイバーシティマネジメント全般 起業・創業に関するテーマ 大学生・高校生などに向けたキャリアや生き方に関するテーマ

■主な依頼先／大手企業・中小企業 労働組合 業界団体 行政・地方自治体 教育機関
■マスコミほか主な活動／テレビラジオへの出演、新聞雑誌からの取材、原稿執筆
■著書名／『30歳からますます輝く女性になる方法』（マイナビ出版）

■連絡先／〒170-0005
東京都豊島区南大塚3-53-2 大塚タウンビル3階
（株）三楽舎プロダクション
TEL 03-5957-7783
FAX 03-5957-7784
mail hk@sanrakusha.jp

大西友美子（おおにし・ゆみこ）
株式会社ワーク・ライフバランス
ワーク・ライフバランスコンサルタント

●アピールポイント／コンサルティングを通じて企業の課題や経営そのものへの問題点を的確に見出すことで、クライアントの業績を上げることのできるスキルから経営者からも信頼を強く得ている。

時間と料金の目安／90分（質疑応答・相談）50万円（税抜き）2019年1月現在 料金は予告なく変更される場合があります

■講演テーマ／働き方改革やワーク・ライフバランスの必要性や実現のためのマネジメント手法やスキル 成功事例の紹介など関連する全般 女性活躍推進やダイバーシティマネジメント全般

■最近のテーマ／働き方改革やワーク・ライフバランスの必要性や実現のためのマネジメント手法やスキル、成功事例の紹介など関連する全般 女性活躍推進やダイバーシティマネジメント全般

■主な依頼先／行政・企業・労働組合
■マスコミほか主な活動／新聞、雑誌からの取材、原稿執筆

■連絡先／〒170-0005
東京都豊島区南大塚3-53-2 大塚タウンビル3階
（株）三楽舎プロダクション
TEL 03-5957-7783
FAX 03-5957-7784
mail hk@sanrakusha.jp

働き方

大畑愼護（おおはた・しんご）
株式会社ワーク・ライフバランス
ワーク・ライフバランスコンサルタント

● アピールポイント／顧客と同じ方向を向きながら丁寧に議論し、「問い」を提示することで解決策を自ら考え出す力を身に付けてもらう手法に定評がある。

時間と料金の目安／90分（質疑応答相談）50万円（税抜き）2019年1月現在 料金は予告なく変更される場合があります

■ 講演テーマ／働き方改革やワーク・ライフバランスの必要性や実現のためのマネジメント手法やスキル 成功事例の紹介など関連する全般 女性活躍推進やダイバーシティマネジメント全般

■ 最近のテーマ／働き方改革やワーク・ライフバランスの必要性や実現のためのマネジメント手法やスキル、成功事例の紹介など関連する全般 女性活躍推進やダイバーシティマネジメント全般

■ 主な依頼先／行政・企業・労働組合
■ マスコミほか主な活動／新聞、雑誌からの取材、原稿執筆

■ 連絡先／〒170-0005
東京都豊島区南大塚3-53-2 大塚タウンビル3階
（株）三楽舎プロダクション
TEL 03-5957-7783
FAX 03-5957-7784
mail hk@sanrakusha.jp

小野真一郎（おの・しんいちろう）
キャリアグローイング千里
株式会社ワーク・ライフバランス認定上級コンサルタント

● アピールポイント／国家資格キャリアコンサルタント
● 日本キャリア開発協会認定CDA（キャリア・デベロップメント・アドバイザー）
● アンガーマネジメントファシリテータ
● 1956年9月12日生まれ 大分県大分市出身

時間と料金の目安／90分をベースに応相談

■ 講演テーマ／・「企業と社員のためのワーク・ライフバランス」
・「介護と仕事の両立セミナー」
～ワーク・ライフバランスの実践～

■ 主な依頼先／企業全般
■ マスコミほか主な活動／大手電機メーカー退職後、企業と社員双方が「ありたい姿」の実現を目指す支援を行っている

■ 連絡先／〒170-0005
東京都豊島区南大塚3-53-2 大塚タウンビル3階
（株）三楽舎プロダクション
TEL 03-5957-7783
FAX 03-5957-7784
mail hk@sanrakusha.jp

風間正彦（かざま・まさひこ）
株式会社ワーク・ライフバランス
ワーク・ライフバランスコンサルタント

●アピールポイント／持ち前の交渉力・コミュニケーション力で人の力を引き出し、効率よく目標を達成する力に定評がある。

時間と料金の目安／90分（質疑応答・相談）50万円（税抜き）2019年1月現在 料金は予告なく変更される場合があります

■講演テーマ／働き方改革やワーク・ライフバランスの必要性や実現のためのマネジメント手法やスキル 成功事例の紹介など関連する全般 女性活躍推進やダイバーシティマネジメント全般

■最近のテーマ／働き方改革やワーク・ライフバランスの必要性や実現のためのマネジメント手法やスキル、成功事例の紹介など関連する全般 女性活躍推進やダイバーシティマネジメント全般

■主な依頼先／行政・企業・労働組合
■マスコミほか主な活動／新聞雑誌からの取材、原稿執筆

■連絡先／〒170-0005
東京都豊島区南大塚3-53-2 大塚タウンビル3階
(株)三楽舎プロダクション
TEL 03-5957-7783
FAX 03-5957-7784
mail hk@sanrakusha.jp

片岡正美（かたおか・まさみ）
あしば社労士事務所
株式会社ワーク・ライフバランス認定上級コンサルタント

●アピールポイント／特定社会保険労務士 （公財）21世紀職業財団客員講師 日本テレワーク協会客員研究員

時間と料金の目安／1時間～ 応相談

■講演テーマ／働き方改革（導入／実践）、ワーク・ライフ・バランス推進、テレワーク導入、アンガーマネジメント、パワハラ防止と叱り方 ハラスメント防止、ハラスメント相談対応

■主な依頼先／企業・大学・各種団体・行政機関など

■マスコミほか主な活動／講演にとどまらず、課題解決に向けたトータルコンサルティングで顧客をサポート
■著書名／『M＆A労務デューデリジェンス標準手順書』（日本法令）『シニア社員の戦力を最大化するマネジメント』（第一法規）

■連絡先／〒170-0005
東京都豊島区南大塚3-53-2 大塚タウンビル3階
(株)三楽舎プロダクション
TEL 03-5957-7783
FAX 03-5957-7784
mail hk@sanrakusha.jp

働き方

川本孝宜（かわもと・たかのり）
株式会社ワーク・ライフバランス
ワーク・ライフバランスコンサルタント

●アピールポイント／大規模・社会インフラプロジェクトの経験が豊富。顧客・社外関係者が多数関わるプロジェクトであっても、課題を整理・解決していくノウハウとスキルの高さに定評がある。コーチングを用いた寄り添ったアプローチが特徴。

時間と料金の目安／90分（質疑応答応相談）40万円（税抜き）2019年1月現在 料金は予告なく変更される場合があります

■講演テーマ／働き方改革やワーク・ライフバランスの必要性や実現のためのマネジメント手法やスキル 成功事例の紹介など関連する全般 女性活躍推進やダイバーシティマネジメント全般

■最近のテーマ／働き方改革やワーク・ライフバランスの必要性や実現のためのマネジメント手法やスキル、成功事例の紹介など関連する全般 女性活躍推進やダイバーシティマネジメント全般

■主な依頼先／行政・企業・労働組合
■マスコミほか主な活動／新聞雑誌からの取材、原稿執筆

■連絡先／〒170-0005
東京都豊島区南大塚3-53-2 大塚タウンビル3階
（株）三楽舎プロダクション
TEL 03-5957-7783
FAX 03-5957-7784
mail hk@sanrakusha.jp

北場好美（きたば・よしみ）
株式会社オフィスキタバ
株式会社ワーク・ライフバランス認定上級コンサルタント

●アピールポイント／特定社会保険労務士、ハラスメント防止コンサルタント、健康経営エキスパートアドバイザー、「人を大切にする経営学会」会員
●1962年3月生まれ　奈良県出身

時間と料金の目安／60分～120分（調整可）5万円／時間

■講演テーマ／「働き方改革」とワークライフバランス
・ワークライフバランスとダイバーシティが御社を救う
・当事者目線でみた「仕事と介護」
・元気なシニア社員の活かし方
・「いい会社」作りましょう～「人を大切にする会社」めざして

■主な依頼先／企業、官公庁、企業

■マスコミほか主な活動／主に中小企業や行政機関で、講演、セミナー、ワークショップ等を行い、80％を超える満足度で好評を得ている。

■連絡先／〒170-0005
東京都豊島区南大塚3-53-2 大塚タウンビル3階
（株）三楽舎プロダクション
TEL 03-5957-7783
FAX 03-5957-7784
mail hk@sanrakusha.jp

木村知佐子（きむら・ちさこ）

WLBC関西
株式会社ワーク・ライフバランス認定上級コンサルタント

- ●アピールポイント／ワークライフバランスコンサルタントとして自治体、企業、学校の働き方見直しコンサルティング、講演、研修など多数を担当。
- ●キャリアコンサルタントとして、ライフを含めたキャリア形成について、企業向け研修や大学のキャリア授業などを担当。
- ●京都府出身

時間と料金の目安／90分　10万円

■講演テーマ／コンサルティングを通じてヒアリングした現場の声を形にして、伝えている
講演会のための講演ではなく、すぐに実践に使える事例やマインドを伝える
「働き方の見直し」「女性活躍」「ダイバーシティ」「経営戦略のための組織づくり」「時間を生みだすチーム力」

■主な依頼先／企業、行政、学校など
■マスコミほか主な活動／講演コンサルティング実績
電源開発株式会社 J-POWER 働き方改革講演会

島根県建設業向け働き方改革・ワークライフバランス講演
大阪市管理職向け働き方改革研修
すみや亀峰庵（旅館業）　働き方改革・イクボス研修
品川区浜川中学校区 4 学校　働き方改革講演会
株式会社かつらぎ　「女性社員のキャリアについて」
品川区浜川中学校区 4 学校　働き方改革講演会
富山県教育委員会主催、校務の業務改善マネジメントセミナ
滋賀県湖南市教育委員会・小中学校働き方見直し
東京都日の出町教育委員会業務改善コンサルティング

■連絡先／〒170-0005
東京都豊島区南大塚3-53-2　大塚タウンビル3階
（株）三楽舎プロダクション
TEL 03-5957-7783
FAX 03-5957-7784
mail hk@sanrakusha.jp

工藤真由美（くどう・まゆみ）

株式会社ワーク・ライフバランス
パートナーコンサルタント

●アピールポイント／自社の組織運営、働き方改革 PJ をはじめとするサービス開発、自身の働き方改革やマネジメントなどの経験を活かし顧客の組織風土に寄り添い、働き方改革の手法を提供する。

時間と料金の目安／90分（質疑応答相談）70万円（税抜き）2019年1月現在
料金は予告なく変更される場合があります

■講演テーマ／働き方改革やワーク・ライフバランスの必要性や実現のためのマネジメント手法やスキル成功事例の紹介など関連する全般
女性活躍推進やダイバーシティマネジメント全般

■最近のテーマ／働き方改革やワーク・ライフバランスの必要性や実現のためのマネジメント手法やスキル、成功事例の紹介など関連する全般
女性活躍推進やダイバーシティマネジメント全般

■主な依頼先／民間企業　労働組合　業界団体
■マスコミほか主な活動／テレビラジオへの出演、新聞雑誌からの取材、原稿執筆

■連絡先／〒170-0005
東京都豊島区南大塚3-53-2　大塚タウンビル3階
（株）三楽舎プロダクション
TEL 03-5957-7783
FAX 03-5957-7784
mail hk@sanrakusha.jp

働き方

小室淑恵（こむろ・よしえ） 株式会社ワーク・ライフバランス
代表取締役社長

●アピールポイント／ 2006年、株式会社ワーク・ライフバランスを設立。多種多様な価値観が受け入れられる日本社会を目指して、日々邁進している。多数の企業・自治体などに働き方改革コンサルティングを提供し、残業削減と業績向上の両立、従業員出生率の向上など多くの成果を出している。年200回以上の講演依頼を全国から受け、役員や管理職が働き方改革の必要性を深く理解できる研修にも定評がある。自らも 2児の母として子育てをしながら、効率よく短時間で成果を上げる働き方を実践。会社としても、全社員が残業ゼロ、有給取得100％を実現しながら増収増益を達成し続けている。

| 時間と料金の目安／ 90分(質疑応答応相談)110万円(税抜き) 2019年1月現在　料金は予告なく変更される場合があります |

■講演テーマ／働き方改革やワーク・ライフバランスの必要性や実現のためのマネジメント手法やスキル、成功事例の紹介など関連する全般 女性活躍推進やダイバーシティマネジメント全般

■最近のテーマ／働き方改革やワーク・ライフバランスの必要性や実現のためのマネジメント手法やスキル、成功事例の紹介など関連する全般 女性活躍推進やダイバーシティマネジメント全般
■主な依頼先／行政・企業・労働組合
■マスコミほか主な活動／ 2014年9月より安倍内閣「産業競争力会議」民間議員、2015年2月より文部科学省「中央教育審議会」委員、内閣府「子ども・子育て会議委員」、経済産業省「産業構造審議会委員」、厚生労働省「社会保障審議会年金部会委員」など複数の公務を兼任、日経ウーマン・オブ・ザ・イヤー2004受賞。2014年5月ベストマザー賞（経済部門）受賞。

■著書名／『働き方改革 生産性とモチベーションが上がる事例20社』『プレイングマネジャー「残業ゼロ」の仕事術』『マンガでやさしくわかる6時に帰るチーム術』『労働時間革命 残業削減で業績向上！その仕組みが分かる』『実践ワークライフバランス プロジェクトの進め方と定着の仕組みづくり』等

連絡先／〒170-0005
東京都豊島区南大塚3-53-2　大塚タウンビル3階
(株)三楽舎プロダクション
TEL 03-5957-7783
FAX 03-5957-7784
mail hk@sanrakusha.jp

小山佐知子（こやま・さちこ） ライフキャリア・シナジーLab
株式会社ワーク・ライフバランス認定上級コンサルタント

●アピールポイント／一般社団法人ダイバーシティマネジメント推進機構認定ダイバーシティコンサルタント／統計心理学 i-colorカウンセラー
● 1981年 4月23日生まれ　北海道札幌市出身

| 時間と料金の目安／ 90分　応相談 |

■講演テーマ／【最近の講演例】
・「共働き方改革 日本の働き方は共働き世帯が変えていく」
・「ライフ軸から考える自分らしいキャリアデザイン」
・「仕事・結婚・出産・両立 ー共働き世代のライフキャリア形成ー」

■主な依頼先／企業・行政・大学

■マスコミほか主な活動／【主なメディア掲載】AERA、ケイコとマナブ、埼玉県女性起業家紹介パンフレット、くらしと仕事

連絡先／〒170-0005
東京都豊島区南大塚3-53-2　大塚タウンビル3階
(株)三楽舎プロダクション
TEL 03-5957-7783
FAX 03-5957-7784
mail hk@sanrakusha.jp

近藤由香 (こんどう・ゆか)

株式会社港国際ワークスタイル研究所／
港国際社労士事務所　代表取締役

●アピールポイント／大学卒業後、損害保険会社勤務時代に損害保険代理店と関わる中で中小企業では就業規則が整備されていない現実、離職率の高さに直面。企業が発展するには企業理念・それに基づく教育、働きやすい制度が必要と考え社労士事務所を新設し、同時に働き方改革についての相談業務専門の株式会社港国際ワークスタイル研究所を設立。現在は、企業の働き方改革・企業変革を中心に活動中。
● 1981年1月11日生まれ　茨城県石岡市出身

時間と料金の目安／90分　応相談

■講演テーマ／◆事例を通じて検討する！明日からできる教育現場での働き方の見直しとは　◆ほしい人だけ採る！戦略的採用法　◆過重労働防止セミナー実施　◆就業規則と助成金に関するセミナー　◆雇用環境整備セミナー　◆いつまでも社員が辞めない会社づくりの秘訣　◆全ての企業で待ったなし！働き方改革関連法案とは！　◆介護と仕事の両立セミナー　◆採用と人材定着についてのセミナー実施　◆働き方改革、メンタルヘルスについて

■主な依頼先／企業、官公庁、行政
■マスコミほか主な活動／2017年10月日経新聞全国版及び電子版に掲載
2017年11月テレビ朝日「議事録見せてください」にテレビ出演
企業実務にて記事執筆
安全スタッフ、三井生命の社内報
SMBC社内報にて記事寄稿

■連絡先／〒170-0005
東京都豊島区南大塚3-53-2　大塚タウンビル3階
(株)三楽舎プロダクション
TEL 03-5957-7783
FAX 03-5957-7784
mail hk@sanrakusha.jp

柴田佐織 (しばた・さおり)

株式会社CREA
株式会社ワーク・ライフバランス認定上級コンサルタント

●アピールポイント／2016年から働き方改革を実践、自社での成功をもとに他社へも取組みを拡散している。
●三重県出身

時間と料金の目安／60分　10万円

■講演テーマ／働き方改革、ワークライフバランス、人材採用・定着

■主な依頼先／三重県庁・三重県内市役所・三重県内中小企業等
■マスコミほか主な活動／NHK報道首都圏「働き方改革最前線」、Eテレ「女性のライフデザイン健康面での働き方改革」

■連絡先／〒170-0005
東京都豊島区南大塚3-53-2　大塚タウンビル3階
(株)三楽舎プロダクション
TEL 03-5957-7783
FAX 03-5957-7784
mail hk@sanrakusha.jp

働き方

白河桃子（しらかわ・とうこ）

少子化ジャーナリスト
株式会社よしもとクリエイティブ・エージェンシー

●アピールポイント／少子化、働き方改革、女性活躍、ワークライフバランス、ダイバーシティなどをテーマに講演を行う。
●「働き方改革」の有識者議員も務めた日本を代表するコメンテーター
相模女子大学客員教授、昭和女子大学総合研究センターセンター客員教授、東京大学大学院情報学環客員研究員
●東京都出身

■時間と料金の目安／その都度、相談による

■講演テーマ／日本の現代社会の働き方について

■最近のテーマ／人口減少時代 女性活躍と働き方改革で地方創生
■主な依頼先／官公庁、商工会議所、一般企業、地方行政など
■マスコミほか主な活動／テレビ朝日「ワイド!スクランブル」「情熱大陸」「朝まで生テレビ」等
■著書名／『御社の働き方改革、ここが間違ってます!残業削減で伸びるすごい会社』（PHP新書）『婚活時代』山田昌弘氏と共著（ディスカバリー携書）『後悔しない「産む」×「働く」』齋藤英和氏と共著（ポプラ新書）『「逃げ恥」にみる結婚の経済学』是枝俊吾氏と共著（毎日新聞出版）

●連絡先／〒160-0022
東京都新宿区新宿5丁目18-21
電話　03-3209-8271
FAX　03-3209-8272
mail　omakase@yoshimoto.co.jp
URL　www.yoshimoto.co.jp

瀬地山 角（せちやま・かく）

東京大学大学院 総合文化研究科
国際社会科学専攻教授、大学教授
ジェンダー論。保育所運営

●アピールポイント／日テレ「世界一受けたい授業」アンケートで東大人気講義No.1に選出。抱腹絶倒の講演確約!
●1963年9月30日生まれ　奈良県生駒市出身

■時間と料金の目安／1時間半／20万円〜

■講演テーマ／笑って考えよう!仕事のこと、家庭のこと、未来のこと

■最近のテーマ／男女共同参画、ワークライフバランス、働き方改革、女性活躍推進、男の育児
■主な依頼先／官公庁、国政政党、企業（野村證券、東京ガス、NECほか）労働組合（連合ほか）地方自治体（47都道府県）
■マスコミほか主な活動／TV出演（NHK、民放各社）、新聞インタビュー（朝日、毎日、読売、産経、日経NYTimes、Wall Street Journalほか多数）
■著書名／・『お笑いジェンダー論』『ジェンダーとセクシュアリティで見る東アジア』
・『東アジアの家父長制』（勁草書房）
・『理系男子の"恋愛"トリセツ』（晶文社）

●連絡先／〒170-0005
東京都豊島区南大塚3-53-2 大塚タウンビル3階
（株）三楽舎プロダクション
TEL 03-5957-7783
FAX 03-5957-7784
mail hk@sanrakusha.jp

園田博美 (そのだ・ひろみ)
株式会社 キャリア研究所
株式会社ワーク・ライフバランス認定上級コンサルタント

●アピールポイント／国家資格キャリアコンサルタントでもあり、統合的人生設計理論をベース「人生を、仕事を、ワクワクドキドキに」をモットーに受容的ムードと参加型の研修に定評がある。

時間と料金の目安／60～90分程度　10万円

■講演テーマ／キャリアデザイン
ワーク・ライフバランス関連
コミュニケーション関連
アンコンシャスバイアス
タイムマネジメント
OJT・部下後輩育成
女性活躍推進の本質等

■主な依頼先／企業・行政・大学などの学校教育現場

■マスコミほか主な活動／NPO法人 FOCUS 主催
「就活生・社会人キャリア会＠九州」
「転機を乗り越える女たちの会」等

■連絡先／〒170-0005
東京都豊島区南大塚3-53-2　大塚タウンビル3階
(株)三楽舎プロダクション
TEL 03-5957-7783
FAX 03-5957-7784
mail hk@sanrakusha.jp

髙橋理理子 (たかはし・りりこ)
(株)トーネット
株式会社ワーク・ライフバランス認定上級コンサルタント

●アピールポイント／2級キャリアコンサルティング技能士(国家資格)
●キャリアコンサルタント(国家資格)
●JCDA認定CDA
●1967年5月27日生まれ　東京都豊島区出身

時間と料金の目安／90分～　応相談

■講演テーマ／「人生戦略としての働き方改革」(従業員向け)
「経営戦略としての働き方改革」(経営者・管理者向け)
「女性活躍推進セミナー」(企業向け・従業員向け)
「人材採用・定着のための働き方改革」
「育児・介護と仕事の両立支援」
「コミュニケーショントレーニング」
「なりたい自分になるために」(女性向け)等

■主な依頼先／行政、経済団体、企業 大学病院　等
■マスコミほか主な活動／行政、経済団体、企業への講演・セミナー活動
介護労働安定センター委嘱キャリアコンサルタント、福島県労働審議会委員を歴任
現在は、福島県 地域創生・人口減少対策有識者会議委員 福島労働局 福島県地域両立支援推進チーム委員として活動

■連絡先／〒170-0005
東京都豊島区南大塚3-53-2　大塚タウンビル3階
(株)三楽舎プロダクション
TEL 03-5957-7783
FAX 03-5957-7784
mail hk@sanrakusha.jp

働き方

高原祥子 (たかはら・しょうこ)
株式会社サンプラス
株式会社ワーク・ライフバランス認定上級コンサルタント

- ●アピールポイント／社会保険労務士として、職場におけるワーク・ライフ・バランス実現のサポートを行っている。
- ●三重県出身

時間と料金の目安／60分 5万円

■講演テーマ／「ワーク・ライフ・バランスで幸せな職場づくり〜今すぐできる8つのこと〜」「知っておきたい働くときの基礎知識〜社会に出る君たちへ〜」「AI時代の子育てトーク」「わたしサイズのプチ起業入門」など

■主な依頼先／企業・官公庁・行政など

■マスコミほか主な活動／三重県内の女性専門家と立ち上げたMie女性起業支援室にて起業セミナーの講師を務めている

■連絡先／〒170-0005
東京都豊島区南大塚3-53-2 大塚タウンビル3階
(株)三楽舎プロダクション
TEL 03-5957-7783
FAX 03-5957-7784
mail hk@sanrakusha.jp

高安千穂 (たかやす・ちほ)
株式会社ワーク・ライフバランス
ワーク・ライフバランスコンサルタント

- ●アピールポイント／豊富な経験に裏付けられた柔軟な対応力、参加者の主体性を尊重した対話とファシリテーション、背中を力強く押すような承認力に定評がある。

時間と料金の目安／90分（質疑応答相談）50万円（税抜き）2019年1月現在　料金は予告なく変更される場合があります

■講演テーマ／働き方改革やワーク・ライフバランスの必要性や実現のためのマネジメント手法やスキル成功事例の紹介など関連する全般　女性活躍推進やダイバーシティマネジメント全般

■最近のテーマ／働き方改革やワーク・ライフバランスの必要性や実現のためのマネジメント手法やスキル、成功事例の紹介など関連する全般　女性活躍推進やダイバーシティマネジメント全般

■主な依頼先／行政・企業・労働組合
■マスコミほか主な活動／新聞、雑誌からの取材、原稿執筆

■連絡先／〒170-0005
東京都豊島区南大塚3-53-2 大塚タウンビル3階
(株)三楽舎プロダクション
TEL 03-5957-7783
FAX 03-5957-7784
mail hk@sanrakusha.jp

田川拓麿（たがわ・たくま）
株式会社ワーク・ライフバランス
ワーク・ライフバランスコンサルタント

●アピールポイント／鋭い分析力と歯に衣着せぬ物言いで役員、幹部、管理職と対等に渡り合う姿は、言いづらい事を遠慮せずに伝えてくれる頼れる存在と顧客の信頼を集める。

■時間と料金の目安／90分（質疑応答相談）50万円（税抜き）2019年1月現在 料金は予告なく変更される場合があります

■講演テーマ／働き方改革やワーク・ライフバランスの必要性や実現のためのマネジメント手法やスキル 成功事例の紹介など関連する全般 女性活躍推進やダイバーシティマネジメント全般

■最近のテーマ／働き方改革やワーク・ライフバランスの必要性や実現のためのマネジメント手法やスキル、成功事例の紹介など関連する全般 女性活躍推進やダイバーシティマネジメント全般

■主な依頼先／行政・企業・労働組合

■マスコミほか主な活動／新聞、雑誌からの取材、原稿執筆

■連絡先／〒170-0005
東京都豊島区南大塚3-53-2　大塚タウンビル3階
(株)三楽舎プロダクション
TEL 03-5957-7783
FAX 03-5957-7784
mail hk@sanrakusha.jp

瀧井智美（たきい・ともみ）
「株式会社ICB」代表取締役
株式会社ワーク・ライフバランス認定上級コンサルタント

●アピールポイント／ワーク・ライフ・バランスを推進するプロ専門家チーム「WLBC関西」の代表でもある。

■時間と料金の目安／90分　50万円（応相談）

■講演テーマ／
・ワーク・ライフ・バランス ～必要性理解と実現に向けて～
・ワーク・ライフ・バランス ～人も組織もできないからできるへ～
・ダイバーシティ推進研修～多様性を組織の力に～

■主な依頼先／企業・官公庁・行政など

■マスコミほか主な活動／キャリア開発・組織活性化・人材育成を支援する

■連絡先／〒170-0005
東京都豊島区南大塚3-53-2　大塚タウンビル3階
(株)三楽舎プロダクション
TEL 03-5957-7783
FAX 03-5957-7784
mail hk@sanrakusha.jp

働き方

滝沢雄太 (たきざわ・ゆうた)
株式会社ワーク・ライフバランス
ワーク・ライフバランスコンサルタント

●アピールポイント／関わったクライアントがその後も"自走"し続けられるために心を配りながら、クライアントに近い立場・発想での関わり方を得意とする。

時間と料金の目安／90分（質疑応答・相談）30万円（税抜き）2019年1月現在 料金は予告なく変更される場合があります

■講演テーマ／働き方改革やワーク・ライフバランスの必要性や実現のためのマネジメント手法やスキル 成功事例の紹介など関連する全般 女性活躍推進やダイバーシティマネジメント全般

■最近のテーマ／働き方改革やワーク・ライフバランスの必要性や実現のためのマネジメント手法やスキル、成功事例の紹介など関連する全般 女性活躍推進やダイバーシティマネジメント全般

■主な依頼先／行政・企業・労働組合
■マスコミほか主な活動／新聞、雑誌からの取材、原稿執筆

■連絡先／〒170-0005
東京都豊島区南大塚3-53-2 大塚タウンビル3階
(株)三楽舎プロダクション
TEL 03-5957-7783
FAX 03-5957-7784
mail hk@sanrakusha.jp

田村優実 (たむら・ゆみ)
株式会社ワーク・ライフバランス
ワーク・ライフバランスコンサルタント

●アピールポイント／顧客が抱える一見小さな問題や個人的な悩みにもこまやかに耳を傾けることで問題の本質を探りながら、高い成果につなげる柔軟なスタイルが特徴。

時間と料金の目安／90分（質疑応答・相談）50万円（税抜き）2019年1月現在 料金は予告なく変更される場合があります

■講演テーマ／働き方改革やワーク・ライフバランスの必要性や実現のためのマネジメント手法やスキル 成功事例の紹介など関連する全般 女性活躍推進やダイバーシティマネジメント全般

■最近のテーマ／働き方改革やワーク・ライフバランスの必要性や実現のためのマネジメント手法やスキル、成功事例の紹介など関連する全般 女性活躍推進やダイバーシティマネジメント全般

■主な依頼先／行政・企業・労働組合
■マスコミほか主な活動／新聞、雑誌からの取材、原稿執筆

■連絡先／〒170-0005
東京都豊島区南大塚3-53-2 大塚タウンビル3階
(株)三楽舎プロダクション
TEL 03-5957-7783
FAX 03-5957-7784
mail hk@sanrakusha.jp

永田瑠奈 (ながた・るな)

株式会社ワーク・ライフバランス
ワーク・ライフバランスコンサルタント

●アピールポイント／相手に合わせたコミュニケーション、フィードバックスキル、きめ細やかな対応、プロジェクトマネジメントスキルに定評がありリピート率が高い。

■時間と料金の目安／90分（質疑応答・相談）70万円（税抜き）2019年1月現在 料金は予告なく変更される場合があります

■講演テーマ／働き方改革・ワークライフバランスに関する全般。取り組む意義・必要性に加え、成功事例、失敗事例に基づく個人・組織単位での具体的な行動に関する助言の提供 タイムマネジメント、チームマネジメント、ダイバーシティマネジメント

■最近のテーマ／働き方改革・ワークライフバランスに関する全般。取り組む意義・必要性に加え、成功事例、失敗事例に基づく個人・組織単位での具体的な行動に関する助言の提供。タイムマネジメント、チームマネジメント、ダイバーシティマネジメント

■主な依頼先／地方自治体 行政機関 教育機関 民間企業（大企業・中小企業） 労働組合 業界団体

■マスコミほか主な活動／新聞、雑誌からの取材、原稿執筆

■連絡先／〒170-0005
東京都豊島区南大塚3-53-2 大塚タウンビル3階
(株)三楽舎プロダクション
TEL 03-5957-7783
FAX 03-5957-7784
mail hk@sanrakusha.jp

新島 哲 (にいじま・さとる)

株式会社ラックコンサルティングファーム
株式会社ワーク・ライフバランス認定上級コンサルタント

●アピールポイント／ノウハウではなく正しい考え方を伝え自ら変革する組織作りを支援、社労士事務所も経営。
●1969年生まれ 東京都大田区出身

■時間と料金の目安／90分 10万円

■講演テーマ／働き方改革で業績向上チームを作る
成功循環モデルで成長が持続する組織を作る
永続的に繁栄する会社にある「見えざる富」の築き方
組織内で個性を活用する方法

■主な依頼先／企業、業界団体、商工会議所、商工会

■マスコミほか主な活動／テレビ出演 NHKニュース、BNSイブニングニュース、NSTスーパーニュース
新聞掲載 日本経済新聞、新潟日報

■著書名／『知ってたつもり 会社のルール100の疑問』（新潟日報事業社）
『現場で生まれた 生産性を高める「働き方改革30の知恵」』（ラックパブリッシング）

■連絡先／〒170-0005
東京都豊島区南大塚3-53-2 大塚タウンビル3階
(株)三楽舎プロダクション
TEL 03-5957-7783
FAX 03-5957-7784
mail hk@sanrakusha.jp

働き方

二瓶美紀子（にへい・みきこ）

株式会社ワーク・ライフバランス
ワーク・ライフバランスコンサルタント

●アピールポイント／多様な企業・組織におけるコンサルティング経験に加え、社労士として労働法制・政策にも詳しい。対象者に応じた講演に定評があり、行政機関からもリピート依頼が多い。

時間と料金の目安／90分（質疑応答応相談）50万円（税抜き）2019年1月現在
料金は予告なく変更される場合があります

■講演テーマ／働き方改革やワーク・ライフバランスの必要性や実現のためのマネジメント手法やスキル成功事例の紹介など関連する全般　女性活躍推進やダイバーシティマネジメント全般

■最近のテーマ／働き方改革やワーク・ライフバランスの必要性や実現のためのマネジメント手法やスキル、成功事例の紹介など関連する全般　女性活躍推進やダイバーシティマネジメント全般

■主な依頼先／行政・企業・労働組合
■マスコミほか主な活動／新聞、雑誌からの取材、原稿執筆

■連絡先／〒170-0005
東京都豊島区南大塚3-53-2　大塚タウンビル3階
（株）三楽舎プロダクション
TEL 03-5957-7783
FAX 03-5957-7784
mail hk@sanrakusha.jp

浜田紗織（はまだ・さおり）

株式会社ワーク・ライフバランス
ワーク・ライフバランスコンサルタント

●アピールポイント／マネジメント層との対話を通じ部門戦略に落とし込み、業務生産性を上げる手法に定評がある。時間削減と業務の成果を最大化する手法が特徴。

時間と料金の目安／90分（質疑応答応相談）70万円（税抜き）2019年1月現在
料金は予告なく変更される場合があります

■講演テーマ／働き方改革やワーク・ライフバランスの必要性や実現のためのマネジメント手法やスキル成功事例の紹介など関連する全般　女性活躍推進やダイバーシティマネジメント全般

■最近のテーマ／働き方改革やワーク・ライフバランスの必要性や実現のためのマネジメント手法やスキル、成功事例の紹介など関連する全般　女性活躍推進やダイバーシティマネジメント全般

■主な依頼先／行政・企業・労働組合
■マスコミほか主な活動／新聞、雑誌からの取材、原稿執筆

■連絡先／〒170-0005
東京都豊島区南大塚3-53-2　大塚タウンビル3階
（株）三楽舎プロダクション
TEL 03-5957-7783
FAX 03-5957-7784
mail hk@sanrakusha.jp

比嘉華奈江 (ひが・かなえ)
株式会社 Life is Love
株式会社ワーク・ライフバランス認定上級コンサルタント

- ●アピールポイント／14年間航空会社の客室乗務員を勤める。
- ●生産性向上や顧客満足、組織活性には必須であるコミュニケーション力の向上を重視し、マネジメントを視野に入れた管理職研修やチームビルディングの研修、また女性活躍推進研修などを行う。企業支援数150社以上、延べ人数は4000人を超える。
- ●大分県別府市出身

時間と料金の目安／90分　応相談

■講演テーマ／働き方改革、ダイバーシティ、ワーク・ライフバランス、コミュニケーション、チームビルディング、ホスピタリティなど

■主な依頼先／企業・各種団体・官公庁・行政など

■マスコミほか主な活動／企業コンサルティングをメインに実施
地元新聞などへの掲載や、連載なども担当

■連絡先／〒170-0005
東京都豊島区南大塚3-53-2　大塚タウンビル3階
(株)三楽舎プロダクション
TEL 03-5957-7783
FAX 03-5957-7784
mail hk@sanrakusha.jp

平間由紀子 (ひらま・ゆきこ)
東北の未来株式会社
株式会社ワーク・ライフバランス認定上級コンサルタント

- ●アピールポイント／2007年に起業をし宮城県仙台市で事業運営を行っている。東日本大震災や親の介護に直面し、介護と子育て、会社の立て直しを行ってきた。自分が得た全ての経験とWLB社の知識をもとに、職場や家庭、そして経営者自信も幸せになる事をモットーに講師業を行っている。自分の強みは相手の気持ちが分かる事。一人一人の笑顔を引き出す事を得意としコンサルティングを受けた企業は業績アップし続けている。
- ●1978年11月27日生まれ　宮城県出身

時間と料金の目安／90分　10万円

■講演テーマ／人生いつでもやり直しOK／子育て・介護・仕事の両立／東日本大震災からの復活／経営者が親の介護に直面した時／あきらめない心／クオリティオブライフを目指して／しなやかな生き方～ワーク・ライフバランス～／現代の経営戦略～ワーク・ライフバランス～／中小企業の働き方改革～成功事例～／仕事も家庭も丸ごとHAPPYにマジカルクエスチョン8

■主な依頼先／企業・経営者団体・女性活躍団体・行政・学校関係・医療関係・子育て介護関係その他

■マスコミほか主な活動／・名取市（宮城県）ママインターンシップ事業受託運営
・ミヤギテレビ　宮城のスマイルさん　2018年8月放送
・仙台商工会議所月報　飛翔　2017年11月掲載
講演／コンサルティング・・・通年

■連絡先／〒170-0005
東京都豊島区南大塚3-53-2　大塚タウンビル3階
(株)三楽舎プロダクション
TEL 03-5957-7783
FAX 03-5957-7784
mail hk@sanrakusha.jp

働き方

藤原千晶（ふじはら・ちあき）
株式会社ワークライフシナジー研究所
株式会社ワーク・ライフバランス認定上級コンサルタント

- ●アピールポイント／事前ヒアリングを徹底的に行い、依頼主様の目的に最適なオーダーメイドの研修を提供。
- ●1969年5月10日生まれ　熊本県出身

時間と料金の目安／90分　応相談

■**講演テーマ**／ワークライフバランス、働き方改革、マネジメント、コーチング、NLP、リーダーシップ、コミュニケーション、メンタルヘルスアンガーマネジメント、顧客満足度向上など

■**主な依頼先**／企業（サービス業、製造業等）・医療機関・社会福祉施設など

■**マスコミほか主な活動**／・熊本県働きやすい職場づくりアドバイザー
・熊本県女性リーダー養成講座講師

■**連絡先**／〒170-0005
東京都豊島区南大塚3-53-2　大塚タウンビル3階
(株)三楽舎プロダクション
TEL 03-5957-7783
FAX 03-5957-7784
mail hk@sanrakusha.jp

星野 宏（ほしの・ひろし）
フリーキャリアコンサルタント1級技能士
キャリアサポートオフィス process 代表

- ●アピールポイント／キャリア形成や人間関係をテーマにした、オーダーメイド型の研修を実施している。
- ●1981年5月22日生まれ　三重県津市出身

時間と料金の目安／主催者の予算次第による

■**講演テーマ**／キャリア形成　理想の働き方　職場のコミュニケーション　人間関係形成

■**最近のテーマ**／キャリア形成　人間関係形成　コミュニケーション　就労支援
■**主な依頼先**／愛知県愛知労働局、中日新聞社、国土地理院、名古屋法務局名古屋国税局、日本福祉大学

■**著書名**／『キャリアの在りか』（ギャラクシーブックス）

■**連絡先**／〒170-0005
東京都豊島区南大塚3-53-2　大塚タウンビル3階
(株)三楽舎プロダクション
TEL 03-5957-7783
FAX 03-5957-7784
mail hk@sanrakusha.jp

堀江咲智子 (ほりえ・さちこ)

株式会社ワーク・ライフバランス
ワーク・ライフバランスコンサルタント

●アピールポイント／経営者、管理職、一般職など対象者に合わせてきめ細やかにアレンジした講演内容に定評があり、モチベーションを上げながら働き方を見直す手法が特長。

時間と料金の目安／90分（質疑応答・相談）50万円（税抜き）2019年1月現在　料金は予告なく変更される場合があります

■講演テーマ／働き方改革やワーク・ライフバランスの必要性や実現のためのマネジメント手法やスキル、成功事例の紹介などに関する全般　女性活躍推進やダイバーシティマネジメント全般　起業・創業に関するテーマ　大学生・高校生などに向けたキャリアや生き方に関するテーマ。女性向けキャリア構築支援に関するテーマ

■最近のテーマ／働き方改革やワーク・ライフバランスの必要性や実現のためのマネジメント手法やスキル、成功事例の紹介など関連する全般　女性活躍推進やダイバーシティマネジメント全般　起業・創業に関するテーマ　大学生・高校生などに向けたキャリアや生き方に関するテーマ。女性向けキャリア構築支援に関するテーマ

■主な依頼先／行政・企業・労働組合・商工会議所
■マスコミほか主な活動／新聞雑誌からの取材、原稿執筆
Work×IT
日刊工業新聞「型技術」

■連絡先／〒170-0005
東京都豊島区南大塚3-53-2　大塚タウンビル3階
(株)三楽舎プロダクション
TEL 03-5957-7783
FAX 03-5957-7784
mail hk@sanrakusha.jp

前野隆司 (まえの・たかし)

慶應義塾大学大学院
システムデザイン・マネジメント研究科教授

●アピールポイント／元々の専門はロボティクスですが、近年は、イノベーション教育、幸福学、幸福経営学の研究・教育も行っています。
●1962年1月19日生まれ　神奈川県横浜市出身

時間と料金の目安／その都度、相談による

■講演テーマ／社員と社会を幸せにする働き方改革とは、幸福学、幸福経営学

■最近のテーマ／日本論、AIと未来技術、心の発達と進化
■主な依頼先／官公庁、民間企業、教育機関、一般向けなど

■著書名／『幸せのメカニズム』（講談社新書）

■連絡先／〒170-0005
東京都豊島区南大塚3-53-2　大塚タウンビル3階
(株)三楽舎プロダクション
TEL 03-5957-7783
FAX 03-5957-7784
mail hk@sanrakusha.jp

働き方

松尾羽衣子（まつお・ういこ）
株式会社ワーク・ライフバランス
ワーク・ライフバランスコンサルタント

●アピールポイント／組織論・モチベーションマネジメントに精通し、周囲を巻き込みながら多様な意見や個性をまとめあげて効果的な解決策へと導くスタイルに定評がある。満足度はほぼ100％を維持し、高い信頼を得ている。
● 1982年6月2日生まれ　東京都出身

時間と料金の目安／90分（質疑応答相談）50万円（税抜き）2019年1月現在 料金は予告なく変更される場合があります

■講演テーマ／働き方改革やワーク・ライフバランスの必要性や実現のためのマネジメント手法やスキル 成功事例の紹介など関連する全般 女性活躍推進やダイバーシティマネジメント全般

■最近のテーマ／働き方改革やワーク・ライフバランスの必要性や実現のためのマネジメント手法やスキル、成功事例の紹介など関連する全般 女性活躍推進やダイバーシティマネジメント全般

■主な依頼先／行政・企業・労働組合
■マスコミほか主な活動／新聞、雑誌からの取材、原稿執筆

■連絡先／〒170-0005
東京都豊島区南大塚3-53-2 大塚タウンビル3階
（株）三楽舎プロダクション
TEL 03-5957-7783
FAX 03-5957-7784
mail hk@sanrakusha.jp

松久晃士（まつひさ・こうじ）
株式会社ワーク・ライフバランス
コンサルタント

●アピールポイント／1万人以上のビジネスパーソンの働き方改革を支援。満足度は常に90％以上で顧客からの高い信頼を得る。
● 1981年5月1日生まれ　愛知県出身

時間と料金の目安／90分（質疑応答相談）70万円（税抜き）2019年1月現在 料金は予告なく変更される場合があります

■講演テーマ／働き方改革・ワークライフバランスに関する全般。取り組む意義・必要性に加え、成功事例、失敗事例に基づく個人・組織単位での具体的な行動に関する助言の提供　タイムマネジメント、チームマネジメント、ダイバーシティマネジメント

■最近のテーマ／働き方改革・ワークライフバランスに関する全般 取り組む意義・必要性に加え、成功事例、失敗事例に基づく個人・組織単位での具体的な行動に関する助言の提供　タイムマネジメント、チームマネジメント、ダイバーシティマネジメント

■主な依頼先／中央官庁・地方自治体　行政機関　教育機関　研究機関　民間企業（大企業・中小企業）　労働組合　業界団体
■マスコミほか主な活動／テレビラジオへの出演、新聞雑誌からの取材、原稿執筆

■連絡先／〒170-0005
東京都豊島区南大塚3-53-2 大塚タウンビル3階
（株）三楽舎プロダクション
TEL 03-5957-7783
FAX 03-5957-7784
mail hk@sanrakusha.jp

丸山紀美代 (まるやま・きみよ)

株式会社 Phone Appli
株式会社ワーク・ライフバランス認定上級コンサルタント

●アピールポイント／働き方改革の現場経験をもとに、ありがちなハードルやその解決策を提案している。
●東京都出身

[時間と料金の目安／90分　10万円]

■講演テーマ／【本質的な働き方改革とは】
人事労務制度・オフィス環境整備・IT環境整備のその先にあるものとは？　実践から見えた本質的な働き方改革について

■主な依頼先／企業・官公庁・行政

■マスコミほか主な活動／
・働き方改革コンサルティングおよび導入定着支援
・会議コンサルティング
・コーチング

■連絡先／〒170-0005
東京都豊島区南大塚3-53-2　大塚タウンビル3階
(株)三楽舎プロダクション
TEL 03-5957-7783
FAX 03-5957-7784
mail hk@sanrakusha.jp

宮﨑結花 (みやざき・ゆか)

株式会社 Woman's
株式会社ワーク・ライフバランス認定上級コンサルタント

●アピールポイント／女性活躍推進に特化したキャリアコンサルタントとして専門的に経営者と社員の課題解決を図る。
●1966年7月18日生まれ

[時間と料金の目安／90分　応相談]

■講演テーマ／経営戦略のための女性活躍推進
企業の人財がより大切な時代、限られた時間の中で最大限の能力を発揮できる仕組みづくりや意識改革、ライフとキャリアの両立や課題解決について

■主な依頼先／女性活躍推進を経営戦略として進めたい中小企業、労働力を掘り起こしたい官公庁、行政

■マスコミほか主な活動／山陰中央新報（コラム連載）
山陰経済ウィークリー
民間、行政事業のコーディネーターや講師

■連絡先／〒170-0005
東京都豊島区南大塚3-53-2　大塚タウンビル3階
(株)三楽舎プロダクション
TEL 03-5957-7783
FAX 03-5957-7784
mail hk@sanrakusha.jp

働き方

村上健太（むらかみ・けんた）
株式会社ワーク・ライフバランス
ワーク・ライフバランスコンサルタント

●アピールポイント／中小企業から1万人を超える大企業まで、様々な規模・業種でのコンサルティング実績を持ち、豊富な事例を紹介することができる。平均満足度は90％以上。

時間と料金の目安／90分（質疑応答相談）70万円（税抜き）2019年1月現在 料金は予告なく変更される場合があります

■講演テーマ／働き方改革やワーク・ライフバランスの必要性や実現のためのマネジメント手法やスキル、成功事例の紹介など関連する全般 女性活躍推進やダイバーシティマネジメント全般

■最近のテーマ／働き方改革やワーク・ライフバランスの必要性や実現のためのマネジメント手法やスキル、成功事例の紹介など関連する全般 女性活躍推進やダイバーシティマネジメント全般

■主な依頼先／行政・企業・労働組合
■マスコミほか主な活動／新聞雑誌からの取材、原稿執筆

連絡先／〒170-0005
東京都豊島区南大塚3-53-2 大塚タウンビル3階
(株)三楽舎プロダクション
TEL 03-5957-7783
FAX 03-5957-7784
mail hk@sanrakusha.jp

山下清徳（やました・きよのり）
山下行政・労務コンサルティング／山下行政書士事務所代表
特定社会保険労務士・特定行政書士

●アピールポイント／講演では、主に相続対策や企業の労務対策、働き方改革関連法への対応などのテーマを扱っている。その目的は「個人や企業に対して十分な安心を提供すること」。カラーで見やすい資料を作り、専門用語はあまり使わないなど、聴く側の視点に立ちわかりやすさを心がけている。"相続争いや企業のリスク管理に対して、参加者の意識を高める"という実用的な内容も評価され、主催者からの信頼も厚い。講演後に具体的な相談を受けることもあり、その手ごたえは大きいという。
●1953年1月9日生まれ 福井県福井市（一乗谷）出身

時間と料金の目安／2時間 10万円

■講演テーマ／争続にならないための相続対策、働き方改革法の対応 パワハラ・セクハラ対策

■得意なテーマ／争続にならないための相続対策、働き方改革法の対応 企業の労務対策

■最近のテーマ／争続にならないための相続対策、働き方改革法の対応 パワハラ・セクハラ対策

■主な依頼先／民間企業、民間病院 社労士会・行政書士会等の団体

連絡先／〒330-0845
埼玉県さいたま市大宮区仲町3-105千鳥ビル5F
TEL 048-856-9342
FAX 048-856-9304
mail yamashitaoffice@hb.tp1.jp
URL http://yamashitaconsulting.com

山下典明（やました・のりあき）

社会保険労務士法人ことのは
株式会社ワーク・ライフバランス認定上級コンサルタント

● アピールポイント／社労士法人所属の中小企業診断士。豊富な人事労務の実務経験を基にした経営支援を得意とする。
● 1975年12月9日生まれ　福岡県出身

[時間と料金の目安／90分　応相談]

■講演テーマ／人事労務関連全般（手続き、労働時間管理、給与計算採用、評価・キャリアパス、社内規程、労務トラブル、役所対応etc)、人事労務IT利活用、厚生労働省助成金

■主な依頼先／民間企業

■マスコミほか主な活動／自社・他社セミナー講師
かながわ福祉サービス振興会経営アドバイザー（H28～）
月刊『企業実務』執筆

■連絡先／〒170-0005
東京都豊島区南大塚3-53-2　大塚タウンビル3階
(株)三楽舎プロダクション
TEL 03-5957-7783
FAX 03-5957-7784
mail hk@sanrakusha.jp

横田幸恵（よこた・ゆきえ）

クオリティ・オブ・ライフ
株式会社ワーク・ライフバランス認定上級コンサルタント

● アピールポイント／受講者が気づきから主体的に考えて行動へつなげることができる参加型のセミナーを得意としている。

[時間と料金の目安／60分から応相談]

■講演テーマ／・女性活躍推進から始めるダイバーシティ・マネジメント
・男女ともに働きやすい職場づくりに向けた意識と働き方改革
・明日をつくる生き方、働き方
多様性を活かすためのキャリア・デザインや論理系の能力開発研修も好評を得ている

■主な依頼先／官公庁、企業（重工業メーカー、住宅設備機器メーカー、総合家電メーカー、総合小売業他）

■マスコミほか主な活動／関西学院大学「女性活躍推進研究センター」研究員として、講演・セミナーの他、同大学院ビジネススクール講師を務める

■著書名／職業訓練法人日本技能教育開発センター『女性活躍推進からはじめるダイバーシティの実践』（共著）

■連絡先／〒170-0005
東京都豊島区南大塚3-53-2　大塚タウンビル3階
(株)三楽舎プロダクション
TEL 03-5957-7783
FAX 03-5957-7784
mail hk@sanrakusha.jp

働き方

横山真衣（よこやま・まい）
株式会社ワーク・ライフバランス
ワーク・ライフバランスコンサルタント

- ●アピールポイント／女性活躍および各地域に根差した中小企業での実績が豊富、企業特性に寄り添ったプラン構築で高い評価を受ける。
- ●北海道出身

時間と料金の目安／90分（質疑応答相談）70万円（税抜き）2019年1月現在 料金は予告なく変更される場合があります

■講演テーマ／働き方改革やワーク・ライフバランスの必要性や実現のためのマネジメント手法やスキル 成功事例の紹介など関連する全般 女性活躍推進やダイバーシティマネジメント全般

■最近のテーマ／働き方改革やワーク・ライフバランスの必要性や実現のためのマネジメント手法やスキル、成功事例の紹介など関連する全般 女性活躍推進やダイバーシティマネジメント全般

■主な依頼先／行政・企業・労働組合
■マスコミほか主な活動／新聞雑誌からの取材、原稿執筆

■連絡先／〒170-0005
東京都豊島区南大塚3-53-2 大塚タウンビル3階
（株）三楽舎プロダクション
TEL 03-5957-7783
FAX 03-5957-7784
mail hk@sanrakusha.jp

吉田拓真（よしだ・たくま）
株式会社ワーク・ライフバランス
ワーク・ライフバランスコンサルタント

- ●アピールポイント／学生の就職指導にあたった経験を持ち、学生の現状やニーズ、社会との関わり方に精通、多様なクライアントを相手に丁寧なコンサルティングを行っている。

時間と料金の目安／90分（質疑応答相談）30万円（税抜き）2019年1月現在 料金は予告なく変更される場合があります

■講演テーマ／働き方改革やワーク・ライフバランスの必要性や実現のためのマネジメント手法やスキル 成功事例の紹介など関連する全般 女性活躍推進やダイバーシティマネジメント全般

■最近のテーマ／働き方改革やワーク・ライフバランスの必要性や実現のためのマネジメント手法やスキル、成功事例の紹介など関連する全般 女性活躍推進やダイバーシティマネジメント全般

■主な依頼先／行政・企業・労働組合
■マスコミほか主な活動／新聞雑誌からの取材、原稿執筆

■連絡先／〒170-0005
東京都豊島区南大塚3-53-2 大塚タウンビル3階
（株）三楽舎プロダクション
TEL 03-5957-7783
FAX 03-5957-7784
mail hk@sanrakusha.jp

ライフプラン・生活

ライフプラン・生活

有賀照枝 (ありが・てるえ)
収納コンサルタント・ライフアレンジニスト
株式会社ハート・コード代表取締役

●アピールポイント／各世代やシーン毎に片付けを通して心の在り方等を講演活動を通してお伝えしている。
●1971年10月29日生まれ　千葉県野田市出身

時間と料金の目安／2時間10万円　※主催者の予算により応相談

■講演テーマ／整理収納・片付け・掃除全般の切り口から人生をよく変える方法

■最近のテーマ／人生を180度好転させる！"スマイル収納"超・実践講座
■主な依頼先／企業・商工会議所・労働組合・学校・PTA 等
■マスコミほか主な活動／ジュピターショップチャンネル生出演、BS朝日「暮らしハッピー！自分流～Do Create Mystyle～」、ホームファイリング（毎日新聞2018年9月25日掲載）　テレビ東京・NHKほか多数テレビ出演、雑誌掲載多数
■著書名／『片づけが苦手な子が驚くほど変わる本』（青春出版社）

■連絡先／〒170-0005
東京都豊島区南大塚3-53-2　大塚タウンビル3階
(株)三楽舎プロダクション
TEL 03-5957-7783
FAX 03-5957-7784
mail hk@sanrakusha.jp

生島清身 (いくしま・きよみ)
行政書士、社会人落語家
きよみ行政書士事務所代表

●アピールポイント／女性行政書士が自作の落語「天国からの手紙」を交え終活について明るく語る。妊活、不妊治療にも対応している。
●1962年10月27日生まれ　大阪市出身

時間と料金の目安／その都度、相談による

■講演テーマ／笑って学ぼう！　人生笑顔で！「笑ンディングノート」落語講演

■最近のテーマ／自作の落語を交えた「終活関連講演」「相続遺言講座」等

■主な依頼先／自治体、社協、JA、銀行生命保険会社、葬儀社、高齢者施設リフォーム会社、不動産会社、寺院

■連絡先／〒170-0005
東京都豊島区南大塚3-53-2　大塚タウンビル3階
(株)三楽舎プロダクション
TEL 03-5957-7783
FAX 03-5957-7784
mail hk@sanrakusha.jp

生駒雅司 (いこま・まさし)
日本食育指導員養成講師、調理技術指導員
全国学校調理師連合会副会長／事務局長

●アピールポイント／食育・料理講師として食の選び方、食事作法地球規模の食問題等で講演活動中。
●1956年10月20日生まれ　兵庫県神戸市垂水区出身

時間と料金の目安／1.5時間　5万円

■講演テーマ／世代別食育講演、時短簡単料理教室、子育て世代親子料理教室

■最近のテーマ／一般及び生産者向け地産地消、子育て世代向け料理作法講演　※アニメ的食育論（非現実的なアニメの世界から食育を学ぶ）、女子力UP料理教室なども可能

■主な依頼先／近畿農政局、兵庫県流通科学大学、兵庫県立大学、社会福祉法人、JA、子育て支援センター等

■連絡先／〒170-0005
東京都豊島区南大塚3-53-2　大塚タウンビル3階
(株)三楽舎プロダクション
TEL 03-5957-7783
FAX 03-5957-7784
mail hk@sanrakusha.jp

石田 祐 (いしだ・ゆう)
宮城大学事業構想学群　准教授

●アピールポイント／これまでどのような研究が世界でなされているかを踏まえ、理論とデータにもとづいた話題提供を行います。
●1978年8月19日生まれ　大阪市出身

時間と料金の目安／90分　10万円（応相談）

■講演テーマ／寄付・ボランティア行動、NPO、市民活動、ファンドレイジング、公共政策

■最近のテーマ／NPOのファンドレイジングとICTの活用、災害復興とNPOの財務・協働、など
■主な依頼先／官公庁、商工会議所、一般企業
■著書名／日本ファンドレイジング協会編・寄付白書発行研究会著（2017）『寄付白書2017』日本ファンドレイジング協会、161p（第1章「2016年の寄付の動向」第2章「人はなぜ寄付をするのか―NPO研究、行動経済学における知見から」分担執筆）
石田祐・藤澤由和訳（2015）『災害復興におけるソーシャル・キャピタルの役割とは何か―地域再建とレジリエンスの構築』ミネルヴァ書房他

■連絡先／〒170-0005
東京都豊島区南大塚3-53-2　大塚タウンビル3階
(株)三楽舎プロダクション
TEL 03-5957-7783
FAX 03-5957-7784
mail hk@sanrakusha.jp

ライフプラン・生活

上野啓樹（うえの・けいじゅ）
ビューティークリエイター、ハイパフォーマンスクリエイター
ベストセラー作家、アッパーフィールドジャパン株式会社代表取締役

●アピールポイント／ダイエットアカデミーの他、健康、ダイエット、美についての講演活動を行っており、ミスユニバースジャパンの講師もしています。1975年2月15日生まれ　福岡県福岡市出身

- 時間と料金の目安／1.5時間　30万円（交通費別）
- ■講演テーマ／今まで聞いたことがないダイエットライブ、美しい人はみな自己管理ができている、社長の仕事
- ■最近のテーマ／今まで聞いたことがないダイエットライブ
- ■主な依頼先／船井総研、コカ・コーラジャパン、マニュライフ生命、国内の企業、ミスユニバースジャパン
- ■マスコミほか主な活動／TBS系列ピラミッドダービー、RKBテレビ（福岡）「今日感テレビ」、光文社女性自身で特集、新聞夕刊フジ「私の流儀」掲載、金融系業界紙 近代セールス「プロフェッショナルビュー 匠の仕事術」掲載、その他多数のメディアに出演、掲載
- ■著書名／『美しい人はみな、自己管理ができている』（宝島社）

■連絡先／〒170-0005
東京都豊島区南大塚3-53-2　大塚タウンビル3階
（株）三楽舎プロダクション
TEL 03-5957-7783
FAX 03-5957-7784
mail hk@sanrakusha.jp

宇佐美吉司（うさみ・よしじ）
無報酬の相談室運営、保護司、メンタルケアカウンセラー、家族療法カウンセラー
終活上級カウンセラー、相続診断士、エンディングノートプランナー
静岡相談室「菊屋」カウンセラー、（元公立中学校長・市相談センター相談員・適応指導教室担当者）

●アピールポイント／兄の余命宣告を受けてからの生きざまに驚きを感じて、「終活」を知り、終活の普及に努めています。
●1953年5月3日生まれ　静岡市清水区出身

- 時間と料金の目安／主催者の予算次第による
- ■講演テーマ／終活って何？　今をそしてこれからを気楽に、楽しく、素直に、美しく
- ■最近のテーマ／終活入門　明るい終活とエンディングノートの書き方　終活って何？
- ■主な依頼先／生涯学習交流館

■連絡先／〒170-0005
東京都豊島区南大塚3-53-2　大塚タウンビル3階
（株）三楽舎プロダクション
TEL 03-5957-7783
FAX 03-5957-7784
mail hk@sanrakusha.jp

川上あきこ (かわかみ・あきこ)

婚活評論家、合コン評論家、恋愛コラムニスト
元高校教師、Happy婚NAVI川上あきこ代表

●アピールポイント／婚活についてはもちろんですが、高校教師をしていた時に婚約破棄され自殺未遂。人生リスタートさせた経験から人生はやり直せると実感。人生つまずいている方にもエールをおくります。
● 1972年2月14日生まれ　大阪市出身

【時間と料金の目安／その都度、相談による】

■講演テーマ／婚活必勝法　婚活を勝ち抜くには　婚活を成功させるには

■最近のテーマ／婚活を成功させるコツ　婚活で選ばれる女性とは
■主な依頼先／国内の企業　P&G、ロート製薬、ホテル阪急インターナショナル、ホテルラスイート

■マスコミほか主な活動／テレビ朝日「駆け込み結婚相談所」レギュラー　フジテレビ「ホンマでっか!?TV」フジテレビ「TOKIO 5LDK」、などラジオ、テレビ出演多数
■著書名／『合コン1000回、結婚1回!』

■連絡先／〒170-0005
東京都豊島区南大塚3-53-2　大塚タウンビル3階
(株)三楽舎プロダクション
TEL 03-5957-7783
FAX 03-5957-7784
mail hk@sanrakusha.jp

越野かおる (こしの・かおる)

kao一級建築士事務所／代表
一級建築士、キッチンスペシャリスト

●アピールポイント／女性の目線で家づくりを楽しむ方法を伝えることをモットーに「建築士は近寄りがたい」というイメージを、柔らかな雰囲気と対話でガラッと変える。講演の特徴は、働く妻・母としての実体験を交えて、家族全員が家事に参加できるような間取りをわかりやすく提案。講演を聴いた人は皆、"自分の家づくり"にわくわくしながら笑顔で帰路に就く。「建築は実はとても楽しいもの。"建築を知っていれば得をする"ということをぜひ知ってほしい」をテーマに活躍している。
● 1973年生まれ　神奈川県横浜市出身

【時間と料金の目安／応相談】

■講演テーマ／女性と建築士両方の視点から提案する、エンドユーザーにわかりやすい快適な家づくり

■得意なテーマ／女性、主婦、母、建築士という様々な視点から提案する快適な家づくりやキッチンの設計等。働くママ、共働きファミリーの住まい。子育てファミリーの住まい。生活の中で楽しく実践できる建築のまめ知識。リフォーム、リノベーションの豊富な経験とアイデア

■最近のテーマ／資格試験の受験者向け講義も多い
■主な依頼先／民間企業
■著書名／『働くママのおうち〜○○を変えるだけで快適な家になる〜』(ギャラクシーブックス)『トクするママのおうち本〜楽しく役立つ建築知識〜』(ギャラクシーブックス)
※2019年発刊

■連絡先／〒221-0834
神奈川県横浜市神奈川区台町16-1
ソレイユ台町ビル802
kao一級建築士事務所
mail koshino@luck.ocn.ne.jp

ライフプラン・生活

佐川京子（さがわ・きょうこ）
行政書士、ファイナンシャル・プランナー
終活アドバイザー。佐川京子行政書士事務所代表

● アピールポイント／もめない相続対策のほか、高齢期の住まいや介護のお金等についての講演を行っている。
● 1959年8月23日生まれ　東京都新宿区出身

時間と料金の目安／1.5時間　5万円～10万円（ご予算にあわせて相談に応じます）

■講演テーマ／遺言・相続、高齢期の住まい、介護のお金、エンディングノートの書き方、終活

■最近のテーマ／遺言・相続、高齢期の住まい、介護のお金、エンディングノートの書き方、終活

■連絡先／〒170-0005
東京都豊島区南大塚3-53-2　大塚タウンビル3階
（株）三楽舎プロダクション
TEL 03-5957-7783
FAX 03-5957-7784
mail hk@sanrakusha.jp

佐藤隆嗣（さとう・たかつぐ）
結婚コンサルタント、婚活評論家
株式会社ツープラトン（結婚サポート・ファニーキープス）
代表取締役

● アピールポイント／結婚コンサルティング、婚活カウンセリングなど結婚に向けてのサポートを行っています。出会い、恋愛、婚活、結婚に関することにも対応させていただいております。
● 1961年12月16日生まれ　新潟県秋葉区出身

時間と料金の目安／その都度、相談による

■講演テーマ／いち早く結婚するには！現代の婚活事情について　失敗しない結婚相手選び

■最近のテーマ／いち早く結婚するには　現代の婚活事情について　失敗しない結婚相手選び
■主な依頼先／自治体、民間企業、学校

■マスコミほか主な活動／調布FM【ファニーサトーのGOGOコトブキ】でパーソナリティー、雑誌、テレビ、ネットの婚活メディアなどから多数の取材あり。

■連絡先／〒170-0005
東京都豊島区南大塚3-53-2　大塚タウンビル3階
（株）三楽舎プロダクション
TEL 03-5957-7783
FAX 03-5957-7784
mail hk@sanrakusha.jp

佐藤亮介 (さとう・りょうすけ)

ロハスカタス代表
男の整理収納アドバイザー(整理ist)

●アピールポイント／整理整頓、書類ファイリング、掃除、防カビ防虫に関する講演・研修会講師として活動中。
●1959年6月24日生まれ　岡山県久米南町出身

| 時間と料金の目安／1.5時間　5万円(宿泊費は別途)※予算に応じて臨機応変に対応 |

■講演テーマ／キセキの片付け　あなたは断捨離と収納で失敗している!

■最近のテーマ／子どもが片付けられない本当の理由、掃除の楽ワザ・エコ技
■主な依頼先／全国商工会、JA、日本郵政、山陽新聞社、産経新聞社、パナソニック、LIXIL、住友林業
■マスコミほか主な活動／日本テレビ「解決ナイナイアンサー相談員」AKB48「俺の嫁選手権」　RSKラジオ「あもーれ!マッタリーノ」レギュラー　FMおかやま「フレッシュモーニング」レギュラー　広島テレビ「テレビ派」　日経アソシエ　リクナビ「NEXT JOURNAL」　ユーキャン「マナトピ」他多数
■著書名／『一生つかえる整理力が3週間で身につく本』(明日香出版)

■連絡先／〒170-0005
東京都豊島区南大塚3-53-2　大塚タウンビル3階
(株)三楽舎プロダクション
TEL 03-5957-7783
FAX 03-5957-7784
mail hk@sanrakusha.jp

讃岐峰子 (さぬき・みねこ)

生前整理アドバイザー、ブライトデイズ代表
生前整理診断士、ライフオーガナイザー

●アピールポイント／子育てをしながら15年間で3人の親を介護し看取りと遺品整理を経験。片づけを学ぶ。
●1961年4月21日生まれ　埼玉県川越市出身

| 時間と料金の目安／1.5時間　4万5千円(相談による。税・諸経費・取材費用等別途) |

■講演テーマ／「生前整理で実現する!コンパクトな都心暮らしとその魅力とは」

■最近のテーマ／片づけから始める生前整理、「捨てるから始めない」片づけ
■主な依頼先／東京都日野市、三菱地所レジデンス(株)、クラブツーリズム(株)、アーバンヒューネス社、供養コンシェルジェ協会、NPO法人「新現役ネット」。サンケイリビング、JEUGIA、よみうり各カルチャー教室
■マスコミほか主な活動／終活読本「ソナエ」(産経新聞社)、「毎日が発見」(毎日が発見社)、雑誌「AERA」、BS-TBS「Togetherトゥゲザー」、「REAL KITCHEN(リアルキッチン)」(KADOKAWA社)、生前整理講座の受講生数全国1位。片づけ・生前整理のアドバイスと出張作業を行う

■連絡先／〒170-0005
東京都豊島区南大塚3-53-2　大塚タウンビル3階
(株)三楽舎プロダクション
TEL 03-5957-7783
FAX 03-5957-7784
mail hk@sanrakusha.jp

ライフプラン・生活

上東丙唆祥 (じょうとう・ひさよし)
生前整理・遺品整理開業アドバイザー
e品整理FC（株）開祥代表取締役

●アピールポイント／約20年にわたり行った遺品整理は3万8000件。遺品整理のFCチェーンを全国で初めて開発する。
●1970年8月10日生まれ　埼玉県所沢市出身

時間と料金の目安／主催者の予算による

■講演テーマ／病気にならない部屋、遺族が困る部屋にしないために今から行っておきたいこと、家や部屋はその人の傾向を表す最たる場所　いかに整理するかで人生が変わる

■最近のテーマ／病気にならない部屋 遺族が困る部屋にしないために今から行っておきたいこと
■主な依頼先／NPO支援団体

■マスコミほか主な活動／新聞『読売新聞』『赤旗新聞』週刊誌『週刊女性』『週刊現代』月刊誌『婦人公論』『SPA！』『月刊ベターホーム』NHK報道番組、BS日テレ『深層ニュース』
■著書名／『親の家をどう片づける 本当に残すべきものと後悔しない整理法』（実業之日本社）

■連絡先／〒170-0005
東京都豊島区南大塚3-53-2　大塚タウンビル3階
(株)三楽舎プロダクション
TEL 03-5957-7783
FAX 03-5957-7784
mail hk@sanrakusha.jp

田頭孝志 (たがしら・たかし)
気象予報士、防災士、
田頭気象予報士事務所代表

●アピールポイント／気象・防災関連の話から、気象予報士としての生き方についてまで幅広い分野で講演活動を行っている。
●1985年6月29日生まれ　愛媛県伊予市出身

時間と料金の目安／その都度、相談による

■講演テーマ／○○市町村の気象特性と今後起こりうる気象災害に備える、気象ビジネスの新しい形 農業に気象を活かす、異常気象に備える、生活に役立つ気象学、気象予報士の夢の実現

■最近のテーマ／異常気象に備える 気象ビジネスの新しい形、気象予報士としての生き方
■主な依頼先／教育機関、民間企業

自治体
■マスコミほか主な活動／西日本釣り情報誌レジャーフィッシング「気象予報士たっぴーの釣りに役立つ気象学」の連載歴、BS釣りビジョン釣りステ釣会議で「気象予報士たがっしーの釣天気」のコーナーを担当

■連絡先／〒170-0005
東京都豊島区南大塚3-53-2　大塚タウンビル3階
(株)三楽舎プロダクション
TEL 03-5957-7783
FAX 03-5957-7784
mail hk@sanrakusha.jp

高杉 'Jay' 二郎（たかすぎ・じぇいじろう）

終活カウンセラー
株式会社よしもとクリエイティブ・エージェンシー

- ●アピールポイント／「終活」とは？　自分の終焉を考えることを通じて、終活の大切さをわかりやすく、楽しく講演します。
- ●ラジオDJ／スポーツ実況／落語家
- ●大阪府交野市出身

[時間と料金の目安／その都度、相談による]

■講演テーマ／終活のススメ

■最近のテーマ／エンディングノートの作成
■主な依頼先／地方行政、自治体など
■マスコミほか主な活動／UTY「ウッティタウン6丁目」、UTY「みなみおばちゃんの6丁目ガッチリ金曜日」（レギュラー出演中）、テレビ朝日「わらいのじかん」DJ、番組ナレーション NHK BS-2「新真夜中の王国」ナビゲーター、フジテレビ「ジョビれば」英語ナレーション、J・スポーツ「X-Word」実況ナレーション、J・スポーツ「SXB」ボクシング実況、日テレ「ダウンタウン松本・SMAP 中居対日テレ」など多数、Tokyo FM「エモーショナルビート」リポーター。Bay FM「Tokyo BAY Mornig」DJ、Bay FM「Mozaiku NIGHT」DJ

■連絡先／〒160-0022
東京都新宿区新宿5丁目18-21
電話　03-3209-8271
FAX　03-3209-8272
mail　omakase@yoshimoto.co.jp
URL　www.yoshimoto.co.jp

出口アヤ（でぐち・あや）

美容家・セルフエステ創始者
一般社団法人国際セルフエステアカデミー代表理事

- ●アピールポイント／年会費 600万円の会員制エステで店長を経験した後、麻布十番でエステサロンを開業。24年のキャリアの中で、トータル 20,300人以上を施術。プロセラピスト養成は 400人以上を超える。
- ●1973年 10月29日生まれ　東京都杉並区出身

[時間と料金の目安／その都度、相談による]

■講演テーマ／セルフエステオリジナル技術、表情筋トレーニングや印象力アップ、営業・接客・就活で、好印象な表情作り、第一印象改善プログラム、美容専門家としての美と健康、アンチエイジング全般、女性起業家ブランディング、成功サロン

■最近のテーマ／「セルフエステ美容」「表情筋笑顔トレーニング」「表情コミュニケーション」
■主な依頼先／商工会議所・島根県イベント・建築会社・美容会社
■マスコミほか主な活動／MAQUIA・Hanako（ハナコ）、わたしの癒しサロンのはじめかた、OZ マガジン、TOKYO Beauty CONCIERGE, TOKYO Beauty CONCIERGE VOl.3、25ans（ヴァンサンカン）他、マキア、ストリー、毎日新聞「ちょっと気になる健康本ランキング」、popティーン「セルフエステの手技ご紹介」、メディアゴンくアンチエイジングにトマト＞ダイエット効果を高める「夜トマト」の秘訣」、マイナビ「くアンチエイジングにトマト＞ダイエット効果を高める「夜トマト」の秘訣」、アゴラ「ほうれい線」を消して若返る方法」他多数
■著書名／『見違えるほど美人になるセルフエステ』（三笠書房）『お金と人を呼ぶ表情（かお）』（KKベストセラーズ）『30秒セルフエステでオンナを磨く』（三笠書房）

■連絡先／〒170-0005
東京都豊島区南大塚3-53-2　大塚タウンビル3階
（株）三楽舎プロダクション
TEL 03-5957-7783
FAX 03-5957-7784
mail hk@sanrakusha.jp

ライフプラン・生活

戸内 順一 (とうち・じゅんいち)

テクニカルライター、講演者
セミナー講師、ゆうあい社代表

● アピールポイント／Windowsパソコンはもとより、AI時代のライフについて講演。
● 1948年12月12日生まれ　東京都葛飾区出身

時間と料金の目安／主催者の予算次第による

■ 講演テーマ／パソコン全般、パソコンで生活を便利に

■ 最近のテーマ／「パソコンで日々の生活を豊かに」「パソコンでシニアライフを豊かに」「パソコン教室の講師」
■ 主な依頼先／CLA（日本消費者金融協議会）、千葉市いきいき大学、東京都北区中央公園センター

■ 著書名／『はじめてのWindows10』（秀和システム）

■ 連絡先／〒170-0005
東京都豊島区南大塚3-53-2　大塚タウンビル3階
（株）三楽舎プロダクション
TEL 03-5957-7783
FAX 03-5957-7784
mail hk@sanrakusha.jp

豊田 剛士 (とよた・つよし)

相続対策コンサルタント
ベストプラン株式会社代表取締役

● アピールポイント／相続相談年間100件以上。相続対策の専門家。金融機関でも公演を行う。
● 1983年3月16日生まれ　広島県呉市出身

時間と料金の目安／その都度、相談による

■ 講演テーマ／相続の基本、相続対策、遺言、生前贈与、生命保険、相続後対策、不動産、地主大家の相続対策

■ 最近のテーマ／相続の基本、相続対策、遺言、生前贈与、生命保険、相続後対策、不動産、地主大家の相続対策
■ 主な依頼先／銀行、信用金庫、企業資格発行の団体
■ マスコミほか主な活動／スマイスターMagaZineコラム執筆、幻冬舎ゴールドオンライン連載、千葉テレビ『りえ＆たいちのカイシャを伝えるテレビ』出演、千葉テレビ『燃える男 中畑清の123絶好調』出演、千葉テレビ『ビジネスフラッシュ』出演
■ 著書名／『「知らなかった」ではすまされない 地主・大家の相続対策の本質』（現代書林）『大切な家族を相続から守りたいあなたがとるべき相続税と遺産分割の相続対策』

■ 連絡先／〒170-0005
東京都豊島区南大塚3-53-2　大塚タウンビル3階
（株）三楽舎プロダクション
TEL 03-5957-7783
FAX 03-5957-7784
mail hk@sanrakusha.jp

西上逸揮 (にしうえ・いつき)
鉄道アナリスト、コンサルタント
IY Railroad Consulting 代表

●アピールポイント／鉄道現場・管理から国際キャリアを持ちあわせた日本で数少ない鉄道の専門家。
●1987年3月11日生まれ　大阪府枚方市出身

時間と料金の目安／その都度、相談による

■**講演テーマ**／「鉄道業界の舞台裏」講演、「未来の鉄道マン」向け業界セミナー　等

■最近のテーマ／東京五輪・大阪万博に向けた鉄道輸送対策について
■主な依頼先／東証一部上場電機メーカー、外資系コンサルファーム、市役所等

■連絡先／〒170-0005
東京都豊島区南大塚3-53-2　大塚タウンビル3階
(株)三楽舎プロダクション
TEL 03-5957-7783
FAX 03-5957-7784
mail hk@sanrakusha.jp

番匠智香子 (ばんしょう・ちかこ)
DIYアドバイザー、木工作家
有限会社キフリ代表取締役

●アピールポイント／DIY講座、木工制作、お掃除セミナーを行っています。
●1971年4月17日生まれ　千葉県柏市出身

時間と料金の目安／その都度、相談による

■**講演テーマ**／お部屋のプチリメイク　DIY講座　お掃除セミナー

■最近のテーマ／2018/10 世田谷区お部屋のプチリメイク、2018/10 トヨタホームお掃除セミナー
■主な依頼先／官公庁、国内企業

■マスコミほか主な活動／「木工ガールはじめてのDIY」「賃貸でもここまでできるDIY」「木工でかんたん収納インテリアづくり」「コメリではじめる簡単DIY」など
■著書名／『コメリではじめる簡単DIY』(主婦の友社)

■連絡先／〒170-0005
東京都豊島区南大塚3-53-2　大塚タウンビル3階
(株)三楽舎プロダクション
TEL 03-5957-7783
FAX 03-5957-7784
mail hk@sanrakusha.jp

ライフプラン・生活

藤岡聖子（ふじおか・せいこ）
整理整頓コンサルタント、オフィス環境診断士
横浜Tキューブ・スタイル代表

- ●アピールポイント／モノ・書類・お金・人生の「整理」について6000人に講演。執筆、上場企業コンサルも行う、
- ●1960年2月25日生まれ　北海道旭川市出身

時間と料金の目安／その都度、相談による

■講演テーマ／「仕事効率をアップさせるための整理整頓セミナー」理論的な仕事効率のアップ法

■最近のテーマ／プロから学ぶ整理収納の基本・整理収納から始める安全確保・エンディングノートの書き方
■主な依頼先／地方自治体、国内の企業、社会福祉協議会、商工会議所教育委員会、PTA、障がい者団体

■マスコミほか主な活動／宝島社『節約ベストアイデア集』　Eテレ『高校数学I』出演　東海ラジオ「安蒜豊三ニュースファイル」出演　読売新聞、日本経済新聞、東京新聞記事掲載　環境文化創造研究所半年連続掲載他

■連絡先／〒170-0005
東京都豊島区南大塚3-53-2　大塚タウンビル3階
(株)三楽舎プロダクション
TEL 03-5957-7783
FAX 03-5957-7784
mail hk@sanrakusha.jp

目代純平（もくだい・じゅんぺい）
ITコンサルタント　東京都認定eメディアリーダー
チェックフィールド株式会社代表取締役

- ●アピールポイント／インターネットの黎明期より良いところ、悪いところを両方見ているので、その経験を踏まえた安心・安全な使い方をお伝えしています。
- ●1976年10月28日生まれ　東京都大田区出身

時間と料金の目安／その都度、相談による

■講演テーマ／「中小企業のネットセキュリティ　～危ない事例とその対策～」「急務！SNSの炎上事例と防止策について」「親のためのケータイ・スマホ教育講座　～巧妙化するネット犯罪から子どもを守るために～」

■最近のテーマ／ネットセキュリティに関するものと、子どものスマホ・ネット問題
■主な依頼先／官公庁、新聞社、一般企業、小中学校、高校、大学など

■マスコミほか主な活動／フジテレビ「ホンマでっか！？TV」に「ネット問題評論家」として出演
■著書名／『1から出直すパソコンインストール（共著）』（エーアイ出版）、『子どものための「ケータイ」ルールブック』（総合法令出版）

■連絡先／〒170-0005
東京都豊島区南大塚3-53-2　大塚タウンビル3階
(株)三楽舎プロダクション
TEL 03-5957-7783
FAX 03-5957-7784
mail hk@sanrakusha.jp

八倉巻恭子（やぐらまき・きょうこ）
明るい未来終活マネージャー
エキスパート60代表

● アピールポイント／終活の暗いイメージを払拭し未来を明るくする活動として『未来終活』を提唱、商標登録
● 1955年1月11日生まれ　東京都品川区出身

時間と料金の目安／主催者の予算次第による

■ 講演テーマ／終焉準備のための終活ではなく、あなたの後半生を輝かせるための『未来終活』のススメ

■ 最近のテーマ／あなたの未来を輝かせるハッピーエンディングノートの作り方
■ 主な依頼先／国内企業、公共施設、市民大学

■ マスコミほか主な活動／終活協議会上級講師として終活ガイド検定を実施、『未来終活』勉強会開催、・市民大学、その他多数

■ 連絡先／〒170-0005
東京都豊島区南大塚3-53-2　大塚タウンビル3階
(株)三楽舎プロダクション
TEL 03-5957-7783
FAX 03-5957-7784
mail hk@sanrakusha.jp

安本貴子（やすもと・たかこ）
ファイナンシャルプランナー、1級FP技能士、CFP、宅地建物取引士
証券外務員2種、株式会社YFP やすもとファイナンシャル
プランニング事務所代表取締役、大学非常勤講師

● アピールポイント／身近なお金（家計管理や税金）のことから資産運用まで、社会人・主婦・学生など、それぞれの受講者にわかりやすい内容の講演を心掛けています。
● 知らなかったでは済まない「お金の知識」を得ることにより、将来の選択肢が増え、私たちの人生に心理的・経済的ゆとりをもたらします。堅苦しくなりがちな内容の講演を明るく、気軽な雰囲気の講演に変え、好評をいただいております。
● 1969年11月10日生まれ　兵庫県神戸市出身

時間と料金の目安／主催者の予算次第による

■ 講演テーマ／人生100年時代のライフプラン、確定拠出年金について、教育資金について、「大学生、高校生のリアルママがお伝え」、税金について知ろう「主婦編・103万円の壁がすぐわかる」「社会人編・ふるさと納税」、相続の基本、初めての投資セミナー

■ 最近のテーマ／FP3級講座（大学にて）、人生100年時代のライフプラン（医療法人にて）、個人型拠出年金iDeCoを始めよう（地域セミナー）
■ 主な依頼先／国内の企業、医療法人

■ 連絡先／〒170-0005
東京都豊島区南大塚3-53-2　大塚タウンビル3階
(株)三楽舎プロダクション
TEL 03-5957-7783
FAX 03-5957-7784
mail hk@sanrakusha.jp

ライフプラン・生活

山田芳照（やまだ・よしてる）
DIY アドバイザー、建築設備士
株式会社ダイナシティコーポレーション代表

●アピールポイント／ DIY全般の基本テクニック、工具、資材を熟知ホームセンター達人として活動。DIYリノベーションセミナーの講師TV番組の講師も務める。
● 1953年 12月5日生まれ　東京都足立区出身

| 時間と料金の目安／その都度、相談による |

■講演テーマ／「マンションで実践できるDIY」電動工具の使い方、基本テクニック　木工家具の制作ワークショップ

■最近のテーマ／ DIYリノベーションの実践
■主な依頼先／ホームセンター、出版社住宅展示場、ハウスメーカー
■マスコミほか主な活動／日本テレビ「ボンビーガール」DIY企画監修

■著書名／『電動工具の使い方事典』（スタジオタッククリエイティブ）

■連絡先／〒170-0005
東京都豊島区南大塚3-53-2　大塚タウンビル3階
(株)三楽舎プロダクション
TEL 03-5957-7783
FAX 03-5957-7784
mail hk@sanrakusha.jp

横尾将臣（よこお・まさとみ）
メモリーズ株式会社代表取締役

●アピールポイント／社会人ラガーマンからミュージシャン、そして整理人と変わった経歴を持っています。培った感性が今の仕事に活きています。片付けから見えてくる高齢者問題孤独死やゴミ屋敷の背景や現実、地域コミュニティの大切さなど、たくさんの人生を見てきた遺品整理人が生き方を話す。
● 1969年 3月12日生まれ　香川県出身

| 時間と料金の目安／金額にこだわらない |

■講演テーマ／遺品整理から見える地域コミュニティの大切さ

■最近のテーマ／「遺品整理の真実～整理現場から生き方を学ぶ～」「遺品整理から見えるコミュニティの大切さ」
■主な依頼先／社会福祉協議会　地域包括支援センター　居住支援協議会など

■マスコミほか主な活動／各種報道番組の特集（年3回ぐらい）TV東京「しあわせ買取隊」、NHKプロフェッショナル仕事の流儀 2018.7.23「遺品整理士」で出演
■著書名／『遺品整理から見える高齢者社会の真実』（ギャラクシーブックス）

■連絡先／〒170-0005
東京都豊島区南大塚3-53-2　大塚タウンビル3階
(株)三楽舎プロダクション
TEL 03-5957-7783
FAX 03-5957-7784
mail hk@sanrakusha.jp

吉田真理子（よしだ・まりこ）

シニアフィットネスの専門家、「長生きすとれっち」「軽楽すとれっち」提唱者、秦フィットネス研究所所長　NPO法人フィットネスビューティ100代表理事

●アピールポイント／現役グループ指導者、パーソナルトレーナー、「シニアフィットネスの専門家」「長生きすとれっち」「軽楽すとれっち」の提唱者で講演や執筆活動中。

●1964年1月20日生まれ　神奈川県横浜市出身

時間と料金の目安／その都度、相談による

■講演テーマ／ずぼらさん、ぐうたらさんでも朝1分夜1分の軽楽すとれっちで未来が変わる

■最近のテーマ／わらってサヨナラするための50のこと
■主な依頼先／国内の企業
■マスコミほか主な活動／月刊ジャパンフィットネスQ&A連載「インストラクター物語」連載（ペンネーム鎌田安奈）理想の姿勢を手に入れる【若見えストレッチ】テレビ東京・BS JAPAN ホンマルラジオ「バリバリタ張復活！」
■著書名／『ずぼらさんぐうたらさんでもできる 朝1分夜1分 軽・楽すとれっち』（ベースボール・マガジン社）

■連絡先／〒170-0005
東京都豊島区南大塚3-53-2　大塚タウンビル3階
（株）三楽舎プロダクション
TEL 03-5957-7783
FAX 03-5957-7784
mail hk@sanrakusha.jp

生き方・心

生き方・心

歩 りえこ（あゆみ・りえこ）……　株式会社よしもとクリエイティブ・エージェンシー　旅作家

- アピールポイント／世界94カ国を一人で旅してきた歩りえこからの言葉は好奇心をくすぐり地球を駆け巡る「世界旅」という未知の世界へ扉を開き、グローバル化に向けて、視野を世界へ向けるきっかけとなる講演会です。
- 世界94カ国を渡り歩いたシングルマザー旅作家　現在休学制度を利用しながら国立台湾大学文学院在学中
- 1981年9月22日生まれ　東京都出身

■時間と料金の目安／60分　10万円〜

■講演テーマ／固定概念を捨ててもっと自由に生きよう

■最近のテーマ／一歩を踏み出せない全ての人へ「ブラを捨て旅に出よう」
■主な依頼先／学校、専門学校、大学、旅行代理店、クライアントなど
■マスコミほか主な活動／テレビ朝日「超人女子」、BSフジ「ブラマヨ弾話室」、「シンママStyle」（連載）

■著書名／『ブラを捨て旅に出よう』(講談社)、『思い立ったらマチュピチュ』(宝島社)、『恋する台湾移住』(朝日新聞出版)、『エガオノオト』(自由国民社)

■連絡先／〒160-0022
東京都新宿区新宿5丁目18-21
電話　03-3209-8271
FAX　03-3209-8272
mail　omakase@yoshimoto.co.jp
URL　www.yoshimoto.co.jp

荒井 陵（あらい・りょう）…　臨床心理士、認定心理士、ヘルパー2級、一般社団法人臨床心理福祉協会あすぴれんと理事長

- アピールポイント／臨床心理学の視点から、心の健康について講演を行っております。
- 1982年10月15日生まれ　千葉県市川市出身

■時間と料金の目安／1.5時間　15000円

■講演テーマ／精神疾患・パーソナリティ障害への支援

■最近のテーマ／精神疾患(統合失調症、うつ病、不安障害)、パーソナリティ障害
■主な依頼先／一般社団法人臨床心理福祉協会あすぴれんと主催イベント出演、学会発表

■連絡先／〒170-0005
東京都豊島区南大塚3-53-2　大塚タウンビル3階
(株)三楽舎プロダクション
TEL　03-5957-7783
FAX　03-5957-7784
mail　hk@sanrakusha.jp

安藤俊介（あんどう・しゅんすけ）
一般社団法人日本アンガーマネジメント協会代表理事
怒りの感情コントロール専門家

● アピールポイント／怒りに関する心理トレーニング「アンガーマネジメント」の日本の第一人者。
● 1977年12月21日生まれ　群馬県高崎市出身

時間と料金の目安／1時間50万円（税交通費別）

■講演テーマ／アンガーマネジメント

■最近のテーマ／アンガーマネジメント
■主な依頼先／官公庁、国内大手企業銀行、教育関連、医療関連他
■マスコミほか主な活動／《TV》「助けて！きわめびと」「ノンストップ！」/「日経プラス10」/「おはよう日本」他多数。《雑誌》「Marisol」/「美的」/「AERA」/「anan」/「日経ビジネス」/「PRESIDENT」他多数
■著書名／『アンガーマネジメント超入門 怒りが消える心のトレーニング』（ディスカバー・トゥエンティワン）

■連絡先／〒170-0005
東京都豊島区南大塚3-53-2　大塚タウンビル3階
（株）三楽舎プロダクション
TEL 03-5957-7783
FAX 03-5957-7784
mail hk@sanrakusha.jp

池内ひろ美（いけうち・ひろみ）
夫婦・家族問題評論家
株式会社よしもとクリエイティブ・エージェンシー

● アピールポイント／人生をリストラクチャー（再構築）するため前向きに選択する離婚を「リストラ離婚」と名づけて上梓した後、離婚にかぎらず、夫婦・家族・親子・教育に関わる作品を発表し続けている。● 夫婦・家族問題コンサルタント。八州学園大学客員教授。一般社団法人日本女子力推進事業団代表理事。一般社団法人全国危機管理推進事業団理事。教育再生をすすめる全国連絡協議会世話人。
● 1961年生まれ　東京都出身

時間と料金の目安／その都度、相談による

■講演テーマ／夫婦・家族問題に関して、女性の在り方

■最近のテーマ／仕事と子育ての両立
■主な依頼先／官公庁、商工会議所　一般企業、地方行政など
■マスコミほか主な活動／日本テレビ『有吉ゼミ』、TBS『私の何がイケナイの？』、テレビ朝日『TVタックル』『ワイド！スクランブル』『グッドモーニング』『モーニングバード』、フジテレビ『スーパーニュース』『報道プライムサンデー』、よみうりテレビ『情報ライブミヤネ屋』『かんさい情報ネットten.』
■著書名／『とりあえず結婚するという生き方』（ヨシモトブックス）他

■連絡先／〒160-0022
東京都新宿区新宿5丁目18-21
電話　03-3209-8271
FAX　03-3209-8272
mail　omakase@yoshimoto.co.jp
URL　www.yoshimoto.co.jp

生き方・心

石尾 潤（いしお・じゅん）

サッカー指導者、NPO経営者
社会起業家、パラレルワーカー
NPO法人スポーツカントリーアンビスタ代表理事

- ●アピールポイント／スポーツ指導やNPO経営のほかに5つの名刺を持つパラレルワーカーとして新しい働き方に挑戦しています。
- ●1990年8月9日生まれ　大阪府和泉市出身

時間と料金の目安／その都度、相談による

■講演テーマ／キャリア教育、社会起業、スポーツコーチング、パラレルキャリア

■最近のテーマ／女子クラブの視点で考える 最幸なスポーツ環境とまちづくり

■主な依頼先／高校、大学、企業、一般社団法人

■マスコミほか主な活動／Coach Digest、パラレル求人、先生の学校#2、オンライン学習サービスSchoo、サカイク、GROW Life B-plus、荒川102コーチングステーション、就労支援施設natura、早稲田ユナイテッド、荒川区ビジネスプランコンテスト2018『城北信用金庫賞』受賞等

■連絡先／〒170-0005
東京都豊島区南大塚3-53-2 大塚タウンビル3階
(株)三楽舎プロダクション
TEL 03-5957-7783
FAX 03-5957-7784
mail hk@sanrakusha.jp

出雲阿国（いずもの・おくに）

風水師、漢方・薬膳アドバイザー
株式会社よしもとクリエイティブ・エージェンシー

- ●アピールポイント／元芸人として風水に出会い、そこが人生の転機に。結婚もあり、旦那の経済力をたった1年で600万円up！NON STYLEの活躍の起爆剤にもなった出雲阿国が幸せをつかむ為の講演を行います。
- ●風水アドバイスで「3日で1億稼がせた女」としてテレビ・ラジオなど各種メディアで活躍中！
- ●1982年9月13日生まれ　島根県出身

時間と料金の目安／60分　15万円～

■講演テーマ／風水を通して普段のパフォーマンスを向上させる

■最近のテーマ／コミュニケーションの仕方を変えよう

■主な依頼先／一般企業、地方行政、団体など

■マスコミほか主な活動／RKB「あなたの未来を変えナイト」、日テレ「ウチのガヤがすいません！」、AbemaTV「アベマショーゴ」「占い師決定戦！」

■著書名／『未婚の女子は南東の風にあたれ はたらく女子のHAPPINESS風水』（KADOKAWA／中経出版）

■連絡先／〒160-0022
東京都新宿区新宿5丁目18-21
電話　03-3209-8271
FAX　03-3209-8272
mail　omakase@yoshimoto.co.jp
URL　www.yoshimoto.co.jp

岩崎順子（いわさき・じゅんこ）

いのちの講演家
（公財）和歌山県人権啓発センター登録講師

● アピールポイント／いのちや人権について全国で1000回以上講演 堅苦しくなく眠くならない講演です。
● 1960年2月16日生まれ　和歌山県海南市出身

[時間と料金の目安]／その都度、相談による

■ 講演テーマ／いのちのメッセージ　ほっとする人、誰ですか？　ほっとする場所、どこですか？
■ 最近のテーマ／いのちを考える　五感で受け継がれるいのち
■ 主な依頼先／官公庁　医療　看護　福祉　介護関係　学校　大学　お寺　神社　企業セミナー　市民公開講座　グリーフケア
■ マスコミほか主な活動／NHKテレビ「あすのWA」「ニュース845」、テレビ和歌山「ライフスタイルを考える人権セミナー」、NHKラジオ「ともに生きる」、ドリームなびテレビ、・和歌山放送「健康相談」、「レッツ有田リアン」、「Hondaドリームナビ」、「週刊ガラRADIO」など多数出演　・いのちをテーマにしたドキュメンタリー映画「いのちがいちばん輝く日」「四万十　いのちの仕舞い」監督と一緒に全国各地でトークショー
■ 著書名／『ガンが病気じゃなくなったとき』（青海社）

■ 連絡先／〒170-0005
東京都豊島区南大塚3-53-2　大塚タウンビル3階
（株）三楽舎プロダクション
TEL 03-5957-7783
FAX 03-5957-7784
mail hk@sanrakusha.jp

エド・はるみ（えど・はるみ）

タレント
株式会社よしもとクリエイティブ・エージェンシー

● アピールポイント／遅咲きながらタレントとして花開いたエド・はるみだからこそ語れる"行動する大切さ""気持ちの持ち方、考え方"をユーモアたっぷりにお話しします。
● 明治大学文学部卒業。慶應義塾大学大学院システムデザイン・マネジメント研究科（SDM）修士課程修士号修得。
● 5月14日生まれ　東京都出身

[時間と料金の目安]／その都度、相談による

■ 講演テーマ／大人の学び　～学びは続くよ、どこまでも～
■ 得意なテーマ／体験型マナー講座、目からうろこのコミュニケーションUP法、エドはるみの新入社員研修
■ 最近のテーマ／心が楽になる　ネガポジ反転学
■ 主な依頼先／官公庁、商工会議所　一般企業、地方行政など

■ 著書名／『ネガポジ反転で人生が楽になる』（日経BP社）

2008年持ちネタの「グー！」で「ユーキャン新語流行語大賞」を受賞

■ 連絡先／〒160-0022
東京都新宿区新宿5丁目18-21
電話　03-3209-8271
FAX　03-3209-8272
mail　omakase@yoshimoto.co.jp
URL　www.yoshimoto.co.jp

生き方・心

川口菜旺子 (かわぐち・なおこ)

株式会社メンタリング・アソシエイツ／代表取締役
株式会社シュウ・カワグチ代表取締役、主任研修講師

●アピールポイント／上智大学卒業。平成25年メンタリング・アソシエイツ設立。脳科学をベースにした〝勉強しない研修〞を特徴とする人材育成プログラムの企画・運営などを行っている。
●1960年4月14日　東京都出身

時間と料金の目安／1時間　2万円～

■講演テーマ／ストレスマネジメント、レジリエンス、企業風土、事業承継
■最近のテーマ／不透明な時代における「心の充足に根ざした目標設定・目標達成」
■主な依頼先／民間企業、民間団体、国公立大学
■年間講演回数／10～15回
■マスコミほか主な活動／雑誌記事掲載：日経BP社「日経ビジネスアソシエ」H26.1月号「ピンチに勝つ」、朝日新聞デジタル　H27.2月「魂の中小企業経営者」、コスモ教育出版「理念と経営」H28.2月号「人に歴史あり」 テレビ出演：フジテレビ(H28)「バイキング」
■講演実績／国立大学公開講座「目標達成の道筋」「『どうせ無理〞から〝よしやってみよう〞へ「デキない」を「デキる」に変える意識変革法」、ロータリークラブ「シネマ思考法(6)」、法人会「潜在力活用術」、S生命保険株式会社「勝手に相続がうまくいく経営マインドの作り方」、自社開催「さりげなく潜在力を発揮させるスゴい！やり方」「「一緒に働きたい」と言われる社長のシンプルな企業風土づくり」「1日5分の動かない筋トレでビジネスを円滑にする」
■必要機材／プロジェクター、スクリーン

■連絡先／東京都練馬区中村北3-23-5 9F
TEL 03-3998-0111
mail info@mentoring-associates.com
URL https://www.mentoring-associates.com
https://www.facebook.com/mentoringassociates

　脳と心の働きを基に「個人と組織の〝生きる力（資質の発揮）〞と〝生き合う力（資質の融合）〞を触発し、促進させる」方法を伝授。「特別なことではない」「誰にも出来る」というスタンスでのわかりやすい講演に定評がある。

　昭和2年創業の会社を亡父から継承した際に起きた横領事件で、莫大な借金を背負う。そんな経験を乗り越えた先生のしなやかな佇まいと興味深い講演内容は、様々な人を惹きつける。参加者は、主に経営者、ビジネスマン、アスリート、教育関係者等。年齢層は幅広く、小学校高学年から高齢者まで。「自身のパフォーマンスの向上」だけでなく、実生活に結びつけて「周囲の人の可能性を引き出す」スキルやマインドを得られることから、メンタリングに強い関心を示す人も多い。理解を深めるために、講演中に体を動かしてもらうエクササイズ等を入れることが多いという。脳と心、身体の関係をよりわかりやすく感じるためだ。「よく眠れるようになった」「落ち込んでいたが気分があがった」という感想のほか、「自分が経営する会社の雰囲気ががらりと変わった」「社員との関係がよくなった」「マスク依存症の学生がマスクを外して帰った」と、自分に起こった変化が周囲に影響を及ぼしていることに気づいたという声も寄せられる。

　「誰もが自分のメンタリングを自分で行えるようになるのが理想です」「家族・会社・学校等、一つの組織に一人のメンターがいれば、周りに良い触発が広がって〝互いの幸せを喜びあえる社会・争いのない社会の実現〞につながると考えています」

河末正子（かわすえ・まさこ）

パーソナルカラーアナリスト、カラーセラピスト
メイクアドバイザー、子育てアドバイザー
メンタルケア・各種プロ養成スクール・美容学校外部講師

● アピールポイント／色を生活に活かすをテーマに子供からシニア、個人から企業へメンタルからファッション、メイクの講演。子育てママたちから企業研修までオールマイティに対応。講演実績500回以上・15年以上活動。
● 1969年5月19日生まれ　鹿児島県鹿児島市出身

時間と料金の目安／その都度、相談による

■ 講演テーマ／色は、口ほどにモノをいう　子供にかける魔法のことば　色でストレスフリー生活、ビジネスカラー戦略など

■ 最近のテーマ／色は、口ほどにモノをいう
■ 主な依頼先／小中学校、高校、幼稚園　保育園、教職員・養護教諭、看護協会　運送運輸関係など

■ 連絡先／〒170-0005
東京都豊島区南大塚3-53-2　大塚タウンビル3階
（株）三楽舎プロダクション
TEL 03-5957-7783
FAX 03-5957-7784
mail hk@sanrakusha.jp

くどうみやこ（くどう・みやこ）

大人ライフプロデューサー／
トレンドウォッチャー

● アピールポイント／大人世代のライフスタイルからトレンドまで、時流をとらえた独自の視点で情報を発信。近年は、「女性の多様な生き方」に関する活動に力を注いでいる。
【トレンド】×【ライフスタイル】×【大人の女性】の3つの時流をとらえて解説・分析。メディア出演から執筆、講演、コメンテーターなど活動の幅は多岐にわたる。
● 神奈川県横浜市出身

時間と料金の目安／その都度、相談による

■ 講演テーマ／多様性のある時代の新たな女性の生き方

■ 最近のテーマ／子どものいない人生の歩き方
■ 主な依頼先／国内の企業、自治体など
■ マスコミほか主な活動／NHKには約10年にわたりレギュラー出演しており、これまで数多くのメディアに出演　NHKジャーナル、世の中面白研究所（NHK）、ホンマでっか!?TV（フジテレビ）など
■ 著書名／『誰も教えてくれなかった子どものいない人生の歩き方』（主婦の友社）

■ 連絡先／〒170-0005
東京都豊島区南大塚3-53-2　大塚タウンビル3階
（株）三楽舎プロダクション
TEL 03-5957-7783
FAX 03-5957-7784
mail hk@sanrakusha.jp

生き方・心

ケン・ハラクマ（けん・はらくま）
ヨガ指導者、健康管理コンサルタント、瞑想家
インターナショナルヨガセンター代表

● アピールポイント／ヨガの健全な普及を目的として 1994年にインターナショナルヨガセンターを設立したヨガ界の第一人者。
● 1958年 3月31日生まれ　東京都千代田区出身

（時間と料金の目安／その都度、相談による）

■講演テーマ／ヨガフェスタ横浜『アシュタンガヨガ』　パワーアップ 柔軟性、バランス感覚を磨く

■最近のテーマ／ハタヨガ、アシュタンガヨガ、ヨガの呼吸法、瞑想の理論と実践、ヨガで心と体のストレス解消
■主な依頼先／国内外の企業、ヨガ業界各種、学校、メディア、TV出演 音楽フェス

■マスコミほか主な活動／ヨガジャーナル日本版、雑誌ヨギーニ
■著書名／『ヨガライフ』（春秋社）

■連絡先／〒170-0005
東京都豊島区南大塚3-53-2　大塚タウンビル3階
（株）三楽舎プロダクション
TEL 03-5957-7783
FAX 03-5957-7784
mail hk@sanrakusha.jp

森有希子（もり・ゆきこ）
フラワーデザイナー、
フラワーアレンジメント教室主宰

● アピールポイント／企業や公共のイベント、催事などを華やかにクリエイティブに彩る会場装飾を手がける。単なる美的デザインにとどまらず、来場者の感動を呼び起こし、意識を拡大させるフラワーデザインをクリエイションすることに定評がある。大手百貨店での物販も開催。パリやイギリス、ドイツのアレンジメントを取り入れたフラワーアレンジメントのレッスンも好評でありながら、最近では、子どもたちの発育や発想力、心を育てる「花育」の一環として、キッズレッスンにも注力している。
● 1975年 9月16日生まれ　東京都出身

（時間と料金の目安／その都度、相談による）

■講演テーマ／普段の生活に取り入れられるフラワーアレンジメント、親子で花に触れる「花育」、かんたんリースレッスン、花が長持ちするアレンジのポイント

■得意なテーマ／季節のお花を楽しむ日常のフラワーアレンジメント
■最近のテーマ／親子で学ぶフラワーアレンジメント、ハーバリウムレッスン、ドライフラワースワッグ、クリスマスレッスン、クリスマスリースレッスンほか
■主な依頼先／地域イベント、障碍者福祉施設、一般企業、受賞式主催者、ママ友コミュニティ　他

■連絡先／〒170-0005
東京都豊島区南大塚3-53-2　大塚タウンビル3階
（株）三楽舎プロダクション
TEL 03-5957-7783
FAX 03-5957-7784
mail hk@sanrakusha.jp

小林敏之 (こばやし・としゆき) …… 瞑想ワークショップファシリテーター
三楽舎プロダクション代表取締役

●アピールポイント／39歳でコンサルティングファームをリストラされて病気になった後、瞑想で自分の心と対話して物事や人のとらえ方が変わることで、病気が治り、アイデアがわいて本を書き、起業して会社を始めて10年以上。瞑想は時間のムダではなく、新たな突破口を開く。忙しくてできない現代人のため、ワークとオリジナルなナレーションによる瞑想ワークを提供している。
●1959年生まれ　東京都北区出身

| 時間と料金の目安／90分　15万円 |

■講演テーマ／心と外の現実は連動している

■最近のテーマ／怒りの心はトラブルと、やさしい感謝の心は幸福と連動している
■主な依頼先／中小企業家同友会など各種団体ほか
■年間講演回数／年間約10回
■マスコミほか主な活動／東京タイムズ「十年ひと昔」コラム連載、豊島新聞「商いは芸」コラム連載など
■著書名／『1人ビジネスらくらく起業法』(あさ出版)『あなたの「経験」を「通信講座」にして稼ぐ法』(同文舘出版)
■必要機材／ホワイトボード、ナレーション音楽用CDプレーヤー

■連絡先／〒170-0005
東京都豊島区南大塚3-53-2　大塚タウンビル3階
(株)三楽舎プロダクション
TEL 03-5957-7783
FAX 03-5957-7784
mail hk@sanrakusha.jp

■松下幸之助はじめ偉大な人はみんな瞑想習慣がある

　ついつい忙しくて目なんかつぶっている時間はムダだ。そのように考えるのが一般的。ところが、普通の人以上に忙しいはずの大経営者ほど瞑想を習慣にしている。ついにgoogleまでが取り入れているという。「目をつぶっていることは時間のロス」というのは、どちらかといえば古い考え方。むしろ、瞑想することで、新しいとらえ方が出てきて、ストレスから解放されたり、アイデアが生まれ、事業が生まれる。忙しく働いてばかりいるとどんどんストレスがたまって行き詰まり病気になる。忙しいからこそ瞑想が必要。なかなか自分自身の心と対話するのは忙しくてできない現代人のために、かんたんな書き込みワークとオリジナルなナレーションを課題ごとに創作して瞑想ワークを提供している。ふだん、わたしたちは科学万能の社会に生きていて、心についてさほど重視はしていない。からだが疲れる、仕事が忙しいから、心もそうしたことの影響を受けて疲れる。ここまでは常識とされている。だが、もういっぽうで、みんなが軽視していることの中に大切な原理がある。それは心が先で現実を引っ張ることもあるというものだ。たとえば、病気だ、仕事がうまくいかないという時に、心がスッキリしたり、晴れやかになったり前向きになったり感謝できたりすると、嘘のようにいろいろなことが好転しだしたりするものだ。自身も心が変わって病気から快方し、会社を起業できた経験から、こうした、「心が先」の原理を伝えている。

生き方・心

角田龍平 (すみだ・りゅうへい)
弁護士
株式会社よしもとクリエイティブ・エージェンシー

- ●アピールポイント／諦めるのではなく僅かな可能性にもチャレンジし、突破した実践者が語る聞くと元気になる講演です。
- ●漫才師として活躍中、意を決して廃業。0から弁護士を目指し、旧司法試験を突破。晴れて弁護士となった異色の弁護士。
- ●1976年12月16日生まれ　京都府出身

時間と料金の目安／その都度、相談による

メルマガ「弁護士角田龍平のメルマ遵法」

■講演テーマ／し曰く～漫才"し"、から弁護"し"へ～

■最近のテーマ／漫才師廃業。何故か、弁護士を目指すことに
■主な依頼先／官公庁、商工会議所、一般企業、地方行政など
■マスコミほか主な活動／「関西情報ネット ten.」「あさパラ！」「情報ライブ ミヤネ屋」など多数出演中

●連絡先／〒160-0022
東京都新宿区新宿5丁目18-21
電話　03-3209-8271
FAX　03-3209-8272
mail　omakase@yoshimoto.co.jp
URL　www.yoshimoto.co.jp

瀬川文子 (せがわ・ふみこ)
コミュニケーションインストラクター・アンガーマネジメントファシリテーター、親業訓練協会企画室主任

- ●アピールポイント／子育て支援から企業研修まで幅広い視点での体験型コミュニケーション講演を実施。
職場の人間関係・安全大会・PTA連合会での子育て、親子の人間関係・介護現場での対応など幅広いテーマに対応可能。
- ●1954年8月28日生まれ　神奈川県横浜市出身

時間と料金の目安／1回　15万～20万　※応相談

■講演テーマ／コミュニケーションで変わるあなたの職場あなたの家庭・ミスをどこまで話せるか？　ヒヤリハットが報告しやすい職場を作る極意

■最近のテーマ／職場に活かすベストコミュニケーション・心のつながりを求める人のアンガーマネジメント
■主な依頼先／企業、官公庁、PTA、病院、介護施設学校、日本規格協会、日能、東日本旅客鉄道株式会社、京王重機、セメント協会、株式会社フジタ、東芝エレベーター、近鉄車両エンジニアリング株式会社、愛知製鋼株式会社、日本原子力研究開発機構他多数
■マスコミほか主な活動／BSフジ「プライムニュース」、月刊誌「STORY」
■著書名／「あっ、こう言えばいいのか！ゴードン博士の親になるための16の方法：家族をつなぐコミュニケーション」(合同出版)「ママがおこるとかなしいの」(金の星社)「職場に活かすベストコミュニケーション　ゴードンメソッドが仕事を変える」(日本規格協会)「聞く　話す　あなたの心　私の気もち」(元就出版社)「ほのぼの母業　のびのび父業」(元就出版社)

●連絡先／〒170-0005
東京都豊島区南大塚3-53-2　大塚タウンビル3階
(株)三楽舎プロダクション
TEL 03-5957-7783
FAX 03-5957-7784
mail hk@sanrakusha.jp

髙田尚恵（たかだ・ひさえ）

米国認定メンタルヘルスカウンセラー(National Certified Counselor)
臨床トラウマプロフェッショナル（米国）・THP心理相談員（日本）

●アピールポイント／メンタルヘルスカウンセリングにより、働く人のストレス、不安、プレッシャーからの解放、モチベーションアップ、職場復帰をお手伝いします。●ニューヨーク州立大学プラッツバーグ校大学院カウンセラー教育学部メンタルヘルスカウンセリング 学科にて修士号取得。メンタルヘルスカウンセラーとして勤務し、個別カウンセリング、カップルカウンセリング、心理教育、自殺・他殺のアセスメント、危機管理・介入等を提供した。帰国後、メンタルヘルス不調による休職・離職者の社会復帰を支援。外国人労働者への英語によるカウンセリングを提供。●三重県伊賀市出身

時間と料金の目安／応相談

■講演テーマ／PTSD、トラウマ解消、うつ病、不安障害、摂食障害 危機管理・介入、個別カウンセリング、カップルカウンセリング（二人の関係性）、マインドフルネス 英語による講演

■最近のテーマ／PTSD、トラウマ解消、うつ病、不安障害、摂食障害、危機管理・介入、個別カウンセリング、カップルカウンセリング（二人の関係性）マインドフルネス、英語による講演、「姿勢とこころ（メンタルヘルス）」「両親・ご家族への心理教育サポート」

■主な依頼先／各種団体、企業その他 多数
■著書名／『メンタルヘルスに向き合う～悩むこと・相談することは強さ～』（ギャラクシーブックス）
■必要機材／プロジェクター　PC　データの種類　Windows

■連絡先／〒170-0005
東京都豊島区南大塚3-53-2　大塚タウンビル3階
株式会社三楽舎プロダクション
TEL03-5957-7783
mail mail@sanrakusha.jp

たけだバーベキュー（たけだばーべきゅー）

バーベキューの達人／アウトドア芸人
株式会社よしもとクリエイティブ・エージェンシー

●アピールポイント／アメトーーク！「キャンプ楽しい芸人」でブレイクしたよしもと唯一のBBQ芸人。年間100回以上も行っているバーベキューやキャンプを通してコミュニケーション術を教える、他にはない新しい切り口の講演家。災害時などに生き抜く力を育む「火育」。扱い方を間違えれば、危険なものである一方、上手にコントロールできれば、さまざまな恵みを与えてくれる「火が持つ力」をバーベキューを通して伝え聴講者の心を開く講演会と定評がある。●1986年1月17日生まれ　兵庫県加古川市出身

時間と料金の目安／60分　20万円～

■講演テーマ／たけだバーベキュー流コミュニケーション術

■最近のテーマ／バーベキューで学ぶ火が持つ力　たけだバーベキュー流「火育」

■主な依頼先／官公庁、商工会議所、一般企業、地方行政、学校など

■マスコミほか主な活動／テレビ朝日「アメトーーク！」キャンプ楽しい芸人、日テレ「ズームインサタデー」「ZIP」、（連載）雑誌「ガルヴィ」、Web「CAMPHACK」

■著書名／『超豪快バーベキューアイデアレシピ』『最強！肉レシピ』（池田書店）他6冊、15万部を突破する

■連絡先／〒160-0022
東京都新宿区新宿5丁目18-21
電話　03-3209-8271
FAX　03-3209-8272
mail　omakase@yoshimoto.co.jp
URL　www.yoshimoto.co.jp

生き方・心

竹森現紗（たけもり・ありさ）
弁護士
株式会社よしもとクリエイティブ・エージェンシー

- ●アピールポイント／身近に起こりやすいトラブルの対処法、生きる上で役立つ法律の知識だけでなく、乳がんとの闘病の経験を持つ竹森ならではのマイナスをプラスに変える思考法をお話しします。講演を聞いた方が明日からでも前向きな気持ちで生活を送る活力となるような講演会です。
- ●慶應義塾大学総合政策学部卒業。2008年に弁護士登録。
- ●1980年11月27日生まれ　福井県三方郡三浜町出身

時間と料金の目安／60分　10万円〜

- ■講演テーマ／銀座の弁護士が教える 泣かない女になる方法
- ■最近のテーマ／「不倫問題」「DV」（男女トラブル）「いじめ」「婚前契約」「相続」
- ■主な依頼先／官公庁、商工会議所一般企業、地方行政など
- ■マスコミほか主な活動／テレビ朝日「ワイド！スクランブル」、読売テレビ「情報ライブミヤネ屋」、MBS「バナナ・プラマヨの新しい法律を作る会」、福井新聞連載「ありさ先生が解決！家庭のトラブル」
- ■著書名／『銀座の弁護士が教える泣かない女になる方法』（文響社）

■連絡先／〒160-0022
東京都新宿区新宿5丁目18-21
電話　03-3209-8271
FAX　03-3209-8272
mail　omakase@yoshimoto.co.jp
URL　www.yoshimoto.co.jp

道志真弓（どうし・まゆみ）
語り家（かたりか）
元熊本市人権教育講師、元フリーアナウンサー

- ●アピールポイント／元アナウンサーの臨場感ある講演。聴くのが辛く涙があふれても最後は感動の涙に。
- ●1965年6月21日生まれ　大阪府豊中市出身

時間と料金の目安／主催者の予算次第による

- ■講演テーマ／いのちの重さ〜生きているって幸せ〜
- ■最近のテーマ／心をデトックス！〜生きているって幸せ〜　いのちの重さ〜生きているって幸せ〜
- ■主な依頼先／官公庁　小中高校　PTA保護者　市町村自治体（男女共同参画、人権・同和問題）　青年会議所　障がい者団体　社会福祉協議会　人権差別　医療関係
- ■著書名／『笑顔の戦士』（文芸社）

■連絡先／〒170-0005
東京都豊島区南大塚3-53-2　大塚タウンビル3階
（株）三楽舎プロダクション
TEL 03-5957-7783
FAX 03-5957-7784
mail hk@sanrakusha.jp

中島正明（なかじま・まさあき）

通訳・翻訳家・環境保全活動を経て、現在はヨガ瞑想指導者として全国で活動
株式会社ユニバーサルライフ代表取締役

●アピールポイント／ヨガと瞑想を「科学的な人間開発ツール」と位置づけ、様々なヨガスタイルを自由に取り入れ、また、様々な学問的・科学的アプローチによって確実にパフォーマンスの結果が出るメソッドを、ヨガ業界、及び企業などにも提供している。
●1975年10月7日生まれ　京都府福知山市出身

- **時間と料金の目安**／その都度、相談による
- **講演テーマ**／パフォーマンス向上のための瞑想講座・心の解放マインドフルネス・瞑想を科学する・自己開発メソッド
- **最近のテーマ**／神経科学から読み解く瞑想の効果・ストレス低減に効果的な瞑想法・人間の同調機能
- **主な依頼先**／ヨガスタジオ、企業研修等
- **著書名**／『「脳が目覚める瞑想」で、願った未来がやってくる』（サンマーク出版）
- **連絡先**／〒170-0005　東京都豊島区南大塚3-53-2　大塚タウンビル3階　(株)三楽舎プロダクション
  TEL 03-5957-7783
  FAX 03-5957-7784
  mail hk@sanrakusha.jp

奈佐誠司（なさ・せいじ）

講師、プロ車いすダンサー・タレント
オフィスなさっち

●アピールポイント／日本初のプロ車いすダンサーとしてバリアフリーをテーマに学校福祉施設等の講演活動に力を入れ、タレントとしても活躍中！
●1968年10月31日生まれ　奈良県生駒市出身

- **時間と料金の目安**／1.5時間　15万円〜
- **講演テーマ**／ダンスで心のバリアフリーを！夢をあきらめない2020年東京パラリンピックを目指して
- **最近のテーマ**／2020年東京パラリンピックを目指して
- **主な依頼先**／全国各地小中高校　基督教大学　千葉医大　佐賀医大　広島県企業連絡会　東京都北区　神奈川県　静岡県TED
- **マスコミほか主な活動**／日本テレビ「24時間テレビ」、TBS系「夢の扉」、NHK「ぐるっと関西お昼前」関西テレビ「となりの人間国宝さん」、NHK教育テレビ「きらっといきる」、日本テレビ「愛は地球を救う」、MBS「ときめきの演出者」フジテレビスーパーニュース特番、スーパージャパンカップ2018、動物愛護週間イベント「HAPPYあにまるFEST A 2016in 京都」、京都会館車イスミュージカル「GLOVE」脚本・主演、東京六本木ベルファール「ウェルフェアーハートツーユーダンス 98′、99′、00′」、大阪南 BIG CAT「Little Love 2000 バリアフリーダンスへアーシー」主催・プロデュース、東京厚生年金会館大ホール「サマータイムメモリーズ」に出演　他多数
- **著書名**／『大震災!!イヌ、ネコを救え』（ポプラ社）『車いすのダンサー』（PHP研究所）
- **連絡先**／〒170-0005　東京都豊島区南大塚3-53-2　大塚タウンビル3階　(株)三楽舎プロダクション
  TEL 03-5957-7783
  FAX 03-5957-7784
  mail hk@sanrakusha.jp

生き方・心

にしだかなこ (にしだ・かなこ) ······ メンタル管理栄養士

●アピールポイント/エネルギッシュな細胞を作り出すことで、心や身体の不調を和らげる内容を伝えている。
●1982年4月4日生まれ　愛知県春日井市出身

時間と料金の目安/その都度、相談による

■講演テーマ/心の健康を維持する「食」と身体の整え方　心の食育講座　ビジネスパーソンに必要な食育

■最近のテーマ/心の健康を維持する「食」と身体の整え方
■主な依頼先/メンタルヘルス支援センター　企業　公的機関

■連絡先/〒170-0005
東京都豊島区南大塚3-53-2 大塚タウンビル3階
(株)三楽舎プロダクション
TEL 03-5957-7783
FAX 03-5957-7784
mail hk@sanrakusha.jp

野崎友璃香 (のざき・ゆりか) ······ 作家、ドルフィンスイムセラピスト
(有)オフィスユリカ代表

●アピールポイント/ハワイ島の海とイルカに魅せられてハワイ島に移住。イルカと泳ぐ楽しさ、イルカの不思議な能力、癒しの効果について、自然と共存したハワイ島の暮らしについてなどの「ハワイ」「海」「美と健康」「意識改革」などについてをインスピレーション溢れる内容で幅広く提供している。
●1964年2月22日生まれ　東京都世田谷区出身

時間と料金の目安/90分　5万円

■講演テーマ/イルカと逢って聞いたこと、ハワイ島の自然の暮らし　イルカが導く新しい生き方

■最近のテーマ/イルカの愛と癒し　イルカクジラ会議(米国)イルカのヒーリング効果とコンタクト
■主な依頼先/癒しフェア、朝日カルチャーセンター　コンベンション
■著書名/『イルカが教えてくれたこと』(講談社)

■連絡先/〒170-0005
東京都豊島区南大塚3-53-2 大塚タウンビル3階
(株)三楽舎プロダクション
TEL 03-5957-7783
FAX 03-5957-7784
mail hk@sanrakusha.jp

秦 明雄 (はた・あきお)

ライフコーチ　パーソナルコンサルタント
株式会社スピージー代表取締役

●アピールポイント／予測不可能な時代の中で、自分と調和した生き方について幅広く活動を行っている。
●1971年11月29日生まれ　東京都品川区出身

時間と料金の目安／その都度、相談による

■講演テーマ／「自分と調和したブレない生き方とは」「激変していく新時代での心の整え方とは」

■最近のテーマ／組織の生産性を高める人間関係の鍵とは」「眠っている潜在能力を目覚めさせる方法」
■主な依頼先／国内の企業　専門学校　高等学校　倫理法人会など

■連絡先／〒170-0005
東京都豊島区南大塚3-53-2　大塚タウンビル3階
(株)三楽舎プロダクション
TEL 03-5957-7783
FAX 03-5957-7784
mail hk@sanrakusha.jp

林 忠之 (はやし・ただゆき)

国際コーチ連盟認定マスター認定コーチ/MCC
株式会社プラス・スタンダード (ライフコーチワールド) ライフコーチ

●アピールポイント／自分らしく豊かな人生を生きるため、自分と深く向き合える質の高い環境を提供しています。
●1969年6月6日生まれ　大阪府堺市堺区出身

時間と料金の目安／主催者の予算次第による

■講演テーマ／「あなたらしさとキャリアの積み方」(大学)「人と向き合うということ」(保険) 等

■著書名／『ライフコーチング 自分を強く育てる習慣』(パブラボ)

■最近のテーマ／自分らしい人生の創り方
■主な依頼先／製薬企業、食品企業　保険会社、大手通信企業、IT企業　大学、倫理法人会、中小企業同友会など

■連絡先／〒170-0005
東京都豊島区南大塚3-53-2　大塚タウンビル3階
(株)三楽舎プロダクション
TEL 03-5957-7783
FAX 03-5957-7784
mail hk@sanrakusha.jp

生き方・心

毛利公一（もうり・こういち）… 経営者、講演家、社会福祉士、精神保健福祉士著者、社会福祉法人ラーフ理事長

●アピールポイント／僕の身体は首から上だけ動く重度身体障がい者。体験に基づいた話はリアル感満載！
●1981年5月29日生まれ　香川県観音寺市出身

時間と料金の目安／主催者の予算次第による

■講演テーマ／よく生きる　夢を叶える挑壁思考

■最近のテーマ／共生社会実現の為に～挑壁者の視線で考えること～
■主な依頼先／官公庁、各種学校、国内企業、企業・経済団体
■マスコミほか主な活動／2009年5月29日NHK『きらっといきる』出演　2011年3月4日OHK『OHKスーパーニュース』出演

■著書名／『夢を考える挑壁思考』（こごろう出版）

■連絡先／〒170-0005
東京都豊島区南大塚3-53-2　大塚タウンビル3階
（株）三楽舎プロダクション
TEL 03-5957-7783
FAX 03-5957-7784
mail hk@sanrakusha.jp

森田美佐子（もりた・みさこ）………… 司会者・ナレーター歴約30年株式会社エムコネクト代表取締役

●アピールポイント／45歳で広汎子宮全摘出（子宮癌）と帝王切開出産を同時経験。命について語ります。
●1972年3月29日生まれ　大阪市出身

時間と料金の目安／その都度、相談による

■講演テーマ／出産とガンを同時に経験した女社長が想う、命について、1000組の新郎新婦から学んだこと～家族のカタチ

■最近のテーマ／命について～癌で妊婦で45歳です～
■マスコミほか主な活動／（芸名：兼子美佐にて）テレ朝『グッド！モーニング』、テレ朝『やじうまテレビ！』、BSフジ『ビジネスボード』TWellV『展示会へ行こう！』、日テレ『スッキリ』、フジ『ノンストップ！』、テレ朝『モーニングバード』、BS JAPAN『MADE IN BS JAPAN』、TBS『ブロードキャスター』ほか地上波、BS、CSにてレギュラー、ボイスオーバー(吹き替え)、番宣など多数、ブライダル・イベント・式典などで司会業を約1300回
■著書名／『癌で妊婦で45歳です』(文芸社)

■連絡先／〒170-0005
東京都豊島区南大塚3-53-2　大塚タウンビル3階
（株）三楽舎プロダクション
TEL 03-5957-7783
FAX 03-5957-7784
mail hk@sanrakusha.jp

山水治夫（やまみず・はるお）

有限会社ヤンズ代表取締役
瀬織津姫出版代表

● アピールポイント／国立音楽大学別科ピアノ調律専修科卒業。日本の神社に祀られる水の神様、祓い浄めの神様である瀬織津姫の研究家・伝道師、作家、作詞・作曲家、ピアニスト、ピアノ調律師

● 1959年2月20日生まれ　富山県出身

時間と料金の目安／2時間半 10万円（別途交通費、宿泊費）※応相談

■ 講演テーマ／瀬織津姫の説明、神様を憶念し人生に生かしてより良く生きる

■ 最近のテーマ／神秘イディオム　縄文の女神・瀬織津姫講座、倍音セミナー
■ 主な依頼先／神社、寺院、民間企業、民間団体など
■ マスコミほか主な活動／雑誌(コラム)『スターピープル』(ナチュラルスピリット社)『I.H.M. WORLD』(㈱オフィス・マサル・エモト)・書籍『瀬織津姫物語』(評言社、他2作)『瀬織津姫次元』、『倍音の真実』(ナチュラルスピリット社、他10作)『あなたも神様に愛される　瀬織津姫神社めぐり②　姫旅しませんか?』(瀬織津姫出版)・CD『Best Album 瀬織津姫』(姫レーベル) 他14枚
■ 講演実績／日本ヨーガ学会『瀬織津姫物語 〜縄文の女神は微笑む〜』、森の学校ハチドリ隊『瀬織津姫と繋がる日 in 札幌』、北斗妙智会『倍音ツアー 〜基音を鳴らせ in 滋賀〜』、善寶寺『瀬織津姫×龍神様』(奉納演奏と講演)(山形県鶴岡市)、伊弉諾神宮(奉納演奏と講演)(兵庫県淡路市)、大木白山神社『神の倍音と女神たちの祈り』(奉納演奏と講演)(富山県高岡市)
■ 必要機材／ホワイトボード(ピアノがあれば尚可)

■ 連絡先／神奈川県横浜市鶴見区寺谷1-19-7　瀬織津姫出版
TEL 050-3044-3438
mail pub.seoritsuhime@gmail.com
URL https://www.seoritsuhime.com/

作家、作曲家、ピアニスト、ピアノ調律師など多彩な分野で活躍しながら、兵庫県の廣田神社など全国約1200社に祀られている瀬織津姫（せおりつひめ）の研究と伝道を10年以上続ける。講演は、トーク、トーク＆ピアノライブ、奉納演奏などの形式で行われるが、神社での正式参拝後にトーク＆ライブを行うこともある。

これまでに瀬織津姫をテーマにしたピアノ演奏CDを数多く制作。「突然音楽が夢の中や頭の中に流れてくるので、それを楽譜に書き起こしている」というオリジナル曲には、宇宙の法則そのものと言われる倍音（基となる音の整数倍の周波数）が含まれる。体の奥にまで染みわたり、心が洗われるような美しい旋律が特徴だ。

講演で伝えたいのは、"瀬織津姫を知れば人生が良い方向に進む"ということ。「人も地球も70％は水。水の神様である瀬織津姫は地球の神様ともいえます。瀬織津姫のことを理解すれば、自分も神の一部だと知ることができる。そうすれば人生に"苦"というものがないことがわかり、希望に満ちてきます」

講演には、幸せな生き方を望む人々、音楽に身を委ねて癒されたい人々などさまざまな人が集うが、その表情はみるみるうちに明るくなっていく。また、講演主催者を通じて先生のもとにも感謝の声が届けられる。

天照大神などと比べ、まだ知る人が少ない瀬織津姫。"その存在を日本中の人に知ってもらい、楽しい人生を送ってほしい"という強い願いが活動の原動力だ。

教育

教育

石川幸夫（いしかわ・ゆきお）
教育評論家・教育研究家・子育て評論家
（株）石川教育研究所　代表

●アピールポイント／教育評論家、研究家としてテレビ、ラジオ、雑誌などで幅広く活躍。推奨している「7秒のハグ」が某社アンダーウエアのイメージとしてTVCMになった。また、学校教諭、塾講師、幼稚園教諭、保育園保育士、幼児教室講師など5万名を超える研修指導実績を持つ
●1952年3月27日生まれ　東京都中央区出身

■時間と料金の目安／主催者の予算次第による

■講演テーマ／母と子の胎教・子育てはオーダーメイド・間違いだらけの学習法・手伝いと約束

■最近のテーマ／「思考力、集中力を高める3つの方法」「親子の絆 7秒のハグ」「子供とスマホ」
■主な依頼先／私立中高等学校、幼稚園保育園、幼児教室、塾、PTA、企業
■マスコミほか主な活動／月刊私塾界「新授業改革」の連載（20年）、日本テレビ「ZIP！」「スッキリ！！」「news every.」ドキュメンタリー番組「リアルｘワールド」、読売テレビ「ウェークアップ！ぷらす」「情報ライブ ミヤネ屋」、TBSテレビ「ビビット」「あさチャン！」「いっぷく」みのもんたの「朝ズバッ！」「新・情報7daysニュースキャスター」、フジテレビ「とくダネ！」「ノンストップ」「バイキング」「直撃LIVE グッディ」「ユアタイム」、テレビ朝日「グッドモーニング」「モーニングバード」「ワイド！スクランブル」「中居正広のミになる図書館」「サンデーLIVE!!」20、テレビ東京「チャージ730！」、東京MXテレビ「ひるキュン！」東京FM…「中西哲夫のクロノス」J-WAVE…「TOKYO MORNIG RADIO」MC…別所哲也 NTTポータルサイト…「教えて! gooウォッチ」週刊紙…「週刊ポスト」「女性セブン」「朝日芸能」など

■連絡先／〒170-0005
東京都豊島区南大塚3-53-2　大塚タウンビル3階
（株）三楽舎プロダクション
TEL 03-5957-7783
FAX 03-5957-7784
mail hk@sanrakusha.jp

金谷俊一郎（かなや・しゅんいちろう）
歴史コメンテーター
教育ジャーナリスト

●アピールポイント／地元に誇りが持てる地域の歴史の話や、歴史から経済・経営を学ぶ講演、モチベーションアップにつながる講演などを行う。
●1967年11月20日生まれ　京都府京都市出身

■時間と料金の目安／その都度、相談による

■講演テーマ／地域活性、歴史から経済を学ぶ、歴史から経営を学ぶ、10代の生き方、50代からの生き方、モチベーションアップ、地域の歴史を知る、男女共同参画、安全大会、危機管理、選挙推進

■最近のテーマ／地域活性、歴史から経済を学ぶ、歴史から経営を学ぶ、10代の生き方、50代からの生き方、モチベーションアップ、地域の歴史を知る、男女共同参画、安全大会、危機管理、選挙推進
■主な依頼先／自治体、商工会議所、青年会議所、法人会、PTA、学校、企業
■マスコミほか主な活動／日本テレビ「世界一受けたい授業」、読売テレビ、中京テレビ「クギズケ！」、テレビ朝日「Qさま？」など多数のメディアに出演
■著書名／学習参考書のほか、『西国立志編』（PHP研究所）『はじめての織田信長』（白泉社）など一般書も多数執筆

■連絡先／〒170-0005
東京都豊島区南大塚3-53-2　大塚タウンビル3階
（株）三楽舎プロダクション
TEL 03-5957-7783
FAX 03-5957-7784
mail hk@sanrakusha.jp

河合 敦(かわい・あつし)
歴史研究家・多摩大学客員教授
早稲田大学非常勤講師

- ●アピールポイント/歴史のエピソードを通じた、生き方のお話や、経営や人材育成に繋がる講演会が人気です。
- ●1965年11月20日生まれ　東京都町田市出身

時間と料金の目安/その都度、相談による

■講演テーマ/人生を豊かにする生き方・歴史から学ぶ人材育成、歴史から学ぶ経営、歴史の楽しいお話、選挙推進

■最近のテーマ/人生を豊かにする生き方、歴史から学ぶ人材育成、歴史から学ぶ経営、歴史の楽しいお話、選挙推進
■主な依頼先/自治体、商工会議所法人会、PTA、学校、企業

■マスコミほか主な活動/学習参考書のほか、『西国立志編』(PHP研究所)『はじめての織田信長』(白泉社)など一般書も多数執筆。
■著書名/『日本史は逆から学べ』(光文社)『河合敦の学校で教えてくれなかった日本史』(KADOKAWA中経出版)など多数執筆

■連絡先/〒170-0005
東京都豊島区南大塚3-53-2　大塚タウンビル3階
(株)三楽舎プロダクション
TEL 03-5957-7783
FAX 03-5957-7784
mail hk@sanrakusha.jp

小林 孝(こばやし・たかし)
外国人労働力教育スペシャリスト、業務変革コーチング、人材教育講師、株式会社T&P Solutions 代表取締役

- ●アピールポイント/「誰でも理解できる、すぐに実践できる」をテーマに、トップマネージャーから第一線で働く方までを対象に、役に立ち、楽しくなる講義・講演を行います。業務改善は、学んでも、実際の仕事に生かせなければ意味がないですよね。だからこそ、理論だけでなく、現場が活性化するために、「実際にできる方法」をお伝えしています。また、米海軍で長年、人材育成に携わってきた経験から、外国人労働者に向けての全編英語での講義も得意としています。
- ●1960年4月14日生まれ　神奈川県横須賀市出身

時間と料金の目安/その都度、相談による

■講演テーマ/経営戦略立案、組織変革、業務改善、効率化、対人スキル、働く人たちのモチベーションアップ/中途採用者の定着/リーンシックスシグマの導入

■最近のテーマ/企業理念の策定、企業価値の共有、人材の育成
■年間講演回数/100〜150回
■主な依頼先/金融保険、製造業全般、IT関連、物流、医療関係、販売、鉄道運輸等
■著書名/『実践コーチングスキル』日科技連出版

■連絡先/〒170-0005
東京都豊島区南大塚3-53-2　大塚タウンビル3階
(株)三楽舎プロダクション
TEL 03-5957-7783
FAX 03-5957-7784
mail hk@sanrakusha.jp

教育

管野淳一（かんの・じゅんいち）……… ARCS代表理事　教育アドバイザー 学校経営コンサルタント

- ●アピールポイント／わかりやすく面白い。役に立つ話を退屈させることなく提供できる。
- ●講演活動を通して「本物の教育」を発信。
- ●1953年12月18日生まれ　北海道滝川市出身

時間と料金の目安／90分〜120分／15万円（その他応相談）

- ■講演テーマ／子育ての方法、親のあり方、やる気を引き出す方法、仕事を通じて人間的成長
- ■得意なテーマ／教育、学校改革、子育て、親子関係、社員のモチベーションアップ、企業の活性化
- ■最近のテーマ／千葉大学教育学部大学院「教育者のあるべき姿」、流山市教育委員会主催「親のあり方」
- ■主な依頼先／PTA　教育機関　教育委員会　自治体　一般企業
- ■年間講演回数／過去30年で150回ほど
- ■マスコミほか主な活動／雑誌掲載 2017年　週刊朝日「中学受験に対する特集」で取り上げられる　2018年　新潮フラッシュ「我ら中年転機を掴む」で取り上げられるなど
- ■著書名／『中学受験が子どもをダメにする』（幻冬舎）
- ■必要機材／プロジェクター　〈データ種類〉Windows

■連絡先／〒277-0852
千葉県柏市旭町1-1-8　関口ビル3F
一般社団法人教育研究所アークス
TEL 04-7197-5461　FAX 04-7197-5462
mail info@arcs-edu.com
URL http://arcs-edu.com/

　高校教師からスタートし、自ら進学塾を設立。0からはじめて1000人規模の進学塾に育て上げ、地域では有名な教育者であり経営者である。

　このノウハウを生かし社会に貢献するために、2013年教育研究所ARCSを設立。教育機関への教育アドバイスやカリキュラム作成、学校改革、経営相談、一般企業への社員および管理職講演を展開している。

私立高校研究会

「30年に及ぶ教育現場で培ってきた子育てや親子関係など教育面のアドバイスができます」と、管野氏は語る。

子育ての現場では、現代ならではの問題が山積している。子どもたちの人間関係、スマホの影響、SNSとの付き合い方、親との価値観の相違……。親が模索している、真に必要とされるありきたりではない解決策を管野氏は提供する。

「子どもに問題がある時、その原因は夫婦関係にあることが多い」と管野氏は指摘する。夫婦の仲違いが子どもに影響し、トラブルを発生させる。登校拒否の理由は、親に起因することが多い。トラブルがあると夫婦で話さざるを得ず、その絆の復活を子どもが望んでいるというのだ。多くはこれに気づかず、学校のせいにしたり、友だちのせいにしたりして、傷口を広げていく。ここまで言及できる人はほとんどいない。

教育講演会

学校の問題も同様だ。少子化が進み、とりわけ私立高校では、生徒が集まる学校とそうでない学校の二極化が進んでいる。このような学校の教師や校長向けのコンサルタントとなり、大胆な改革を提案する。教育者だけではない経営者としての視点も備えている。

これらが評判となり、企業向けのセミナーにもしばしば声がかかるようになった。教育者であることから、人事担当者や幹部社員向けに、社員教育のあり方、企業の活性化、若い社員のモチベーションアップの方法を講演している。

聴衆に語りかけ応答しながら話に引き込む。「わかりやすい」「目からウロコが落ちた」「話が面白く飽きない」などの評判が多く、会終了後は質問者が殺到する。これも管野氏ならではの特長である。

著書
『中学受験が子どもをダメにする』

教育

小林秀敏（こばやし・ひでとし） 学習教育カウンセラー
株式会社コミュニティー＆スクール代表取締役

●アピールポイント／成りたい自分を引き寄せる能力を育て、生徒の気質に合った個別指導で合格をサポート。
●1962年1月17日生まれ　埼玉県所沢市出身

|時間と料金の目安／その都度、相談による|

■講演テーマ／子どもの人生を変える生活習慣

■最近のテーマ／子どもの人生を変える生活習慣、未来の自分を予約する引き寄せの実践
■主な依頼先／官公庁　NPO　学習塾　カルチャーセンターなど
■マスコミほか主な活動／子育て支援セミナーをさいたま市、横浜市など、各地で開催、WEB情報誌『ビジネスプラス』経営者インタビューにて宍戸開氏と対談、カルチャーセンターにて学習計画手帳作成指導
■著書名／『子どもの人生を変える生活習慣』

■連絡先／〒170-0005
東京都豊島区南大塚3-53-2　大塚タウンビル3階
（株）三楽舎プロダクション
TEL 03-5957-7783
FAX 03-5957-7784
mail hk@sanrakusha.jp

鈴木 颯（すずき・はやて） 現職は高校理科教諭
はやて先生サイエンスショー担当、サイエンス教室

●アピールポイント／高校生の理科離れを感じたことをきっかけに、理科好きの子どもを増やすため、サイエンスショーの活動を始める。
●1991年8月28日生まれ　秋田県秋田市出身

|時間と料金の目安／主催者の予算次第による|

■講演テーマ／サイエンス全般、環境、ECO、はやて先生のサイエンスショー

■最近のテーマ／環境科学研究所　ショッピングモール、児童館、小学校　地域向けイベント
■主な依頼先／東京環境科学研究所　児童館、小学校、AEON等の大型ショッピングモール、LIXIL、秋田おばこ農業組合、神奈川県内広域水道企業団 他
■マスコミほか主な活動／環境科学研究所、ショッピングモール、児童館、小学校、地域イベントなどに出演

■連絡先／〒170-0005
東京都豊島区南大塚3-53-2　大塚タウンビル3階
（株）三楽舎プロダクション
TEL 03-5957-7783
FAX 03-5957-7784
mail hk@sanrakusha.jp

藤原和博（ふじはら・かずひろ）

教育改革実践家　元リクルート社フェロー

- ●アピールポイント／AIやロボットが全盛になる社会でどのような力を身につけなければいけないかを教えます。
- ●1955年11月27日生まれ　東京都世田谷区出身

■時間と料金の目安／その都度、相談による

■講演テーマ／「10年後、君に仕事はあるのか？」「人を育てモチベーションを向上させるコミュニケーション技術」「アイディアを豊かにしイノベーションを起こす組織風土をつくるには」

■最近のテーマ／「10年後、君に仕事はあるのか？」

■主な依頼先／ソニー、ホンダ、日産、トヨタ、三井不動産、野村證券、野村総合研究所、三井住友銀行、三菱東京UFJ銀行、三菱東京UFJ信託、東洋電気、東急リバブル、東急不動産、東京都市大学、日本要保、NEXCO、NTTデータ、JR東日本、インテル、マイクロソフト、ソニーコンピュータエンタテインメント、プルデンシャル生命、ソニー生命、アフラック、リクルート、ベネッセ、大阪府、京都市、財務省、人事院、京都経済、文部科学省、つくば教員研修センター、東京学芸大学、東京大学、京都大学、朝日新聞、読売新聞、日経新聞、自治体の教育委員会、青年会議所（JC）、PTA協議会、日本相撲協会などで広範な実績。ロンドン大学ビジネススクールやパリのINSEADで日本のヒューマンリソースマネジメントを教えた経験も。

■マスコミほか主な活動／講演回数1400回を超える超人気講師で参加者の満足度は5段階評価でほぼ満点に、著書81冊累積145万部

■著書名／「10年後、君に仕事はあるのか？」「人を育てモチベーションを向上させるコミュニケーション技術」「アイディアを豊かにしイノベーションを起こす組織風土をつくるには」、教育問題の本質や学校と地域社会との連携問題から、ビジネスパーソンのコミュニケーションやプレゼン技術を高める講演、リーダーシップやマネジメント力、チームビルディング力を高める研修、あるいは『坂の上の坂』をもとに後半の人生を豊かにする技術について

■連絡先／〒170-0005
東京都豊島区南大塚3-53-2　大塚タウンビル3階
（株）三楽舎プロダクション
TEL 03-5957-7783
FAX 03-5957-7784
mail hk@sanrakusha.jp

松居 和（まつい・かず）

音楽家、教育評論家　ドキュメンタリー映画監督

- ●アピールポイント／主に保育者や保護者対象に、子育ての本質を理解し、楽しくなるような講演を行っている。
- ●1954年6月5日生まれ　東京都杉並区出身

■時間と料金の目安／金額にこだわらない

■講演テーマ／親心の幸福論、先進国社会における家庭崩壊、保育園と家庭の連携、学校と家庭の連携、保幼小連携、いじめ対策、乳幼児の発達に必要な信頼関係

■最近のテーマ／「幼稚園で育つ親心」「子育てから生まれる絆」

■主な依頼先／保育園、幼稚園、学校、保育団体、保育・教育の研究会、市町村、官公庁

■マスコミほか主な活動／NHK「すくすくあかちゃん」、静岡テレビ制作「テレビ寺子屋」、文芸春秋「日本の論点」、朝日新聞「私の視点」、中日新聞「人生のページ」などに執筆。日本小児科学会第百回記念大会、日本小児保健医学会、乳幼児教育学会、厚生労働省児童家庭局、自民党少子化対策委員会、自民党全国女性部長代表者会議、東京都青少年健全育成会、各県保育士会、私幼連PTA連合会、衆議院・税と社会保障一体化特別委員会などで講演

■著書名／「なぜ、わたしたちは0歳児を授かるのか」- 親心の幸福論 -（国書刊行会）、「家庭崩壊・学級崩壊・学校崩壊」「子育てのゆくえ」「21世紀の子育て」「親心の喪失」（エイデル研究所）

■連絡先／〒170-0005
東京都豊島区南大塚3-53-2　大塚タウンビル3階
（株）三楽舎プロダクション
TEL 03-5957-7783
FAX 03-5957-7784
mail hk@sanrakusha.jp

教育

松井達治（まつい・たつじ）

合同会社　想真（そうま）代表
アクティブ・ブレイン・協会認定講師（マスター講師）

●アピールポイント／薬剤師として大手漢方薬局や調剤薬局に勤務後、父親の経営する㈱松井商会に入社。2004年に代表取締役に就任した。2014年より、記憶力アップのプロとして講演・セミナー活動を行っている。●1973年7月23日生まれ　福岡県福岡市出身

時間と料金の目安／40分～90分　応相談　（別途交通費・宿泊費）

■**講演テーマ**／学校の成績アップ、国家試験合格（特に医療関係）、脳を使った認知症予防、経営者や会社員対象の目標達成方法など記憶力を格段にアップさせ、各人の目的を果たすことができるようになる

■**得意なテーマ**／「脳を活性化して生き生きした人生を」「脳の使い方で企業が変わる」「日常生活で物忘れを防ぎ生かすコツ」「交流会・イベントで顔と名前を覚えるコツ」

■**最近のテーマ**／笑って記憶　～楽しく学習～　～生き生き人生～「脳を活性化して生き生きした人生を」

■**主な依頼先**／企業、福祉関係、地方公共団体、学校

■**年間講演回数**／年間約60回～70回（セミナーを含めると115回）

■**マスコミほか主な活動**／OBSラジオ「BINGO」チャレンジトゥーザフューチャー出演、OAB大分朝日放送「5スタ」

■**著書名**／「顔と名前を憶える本」（Amazon kindleよりダウンロード）

■**講演実績**／大分ヤナセ株式会社　JA大分　朝倉歯科医師会　熊本歯科衛生士専門学院　倫理法人会　ロータリークラブ　大分県　おおいた出会い応援プロジェクト　日本ビスカ株式会社（東京都）　株式会社アヤラ産業（栃木県）　JA大分（大分県）　講演会・研修　株式会社シオダ（栃木県）　ABS・講演会　株式会社石田歯科商会（北海道）　株式会社シオダ（栃木県）　朝倉歯科医師会（福岡県）　有価会株（熊本県）2回　川添公民館（大分県）　宮川内ハイランド公民館（大分県）　個人の方主催講演会（大分県）　広内公民館健康講座（大分県）　大分市立明治小学校（大分県）　大分県立国東高校普通科（大分県）　別府北ロータリークラブ（大分県）　甘木ロータリークラブ（福岡県）　中津中央ロータリークラブ（大分県）　大分県測量設計コンサルタント協会（大分県）　日本歯科プロアシスタントルクールPAS（東京都）　別府市倫理法人会講話（大分県）　大分市立明野北小学校（大分県）

■**必要機材**／ホワイトボード、マイク、演台

■**連絡先**／〒874-0834
大分県別府市新別府4組　ライブリー中央2-2
合同会社想真
TEL 070-1947-0218　FAX 0977-26-5795
mail souka19470218@gmail.com
URL https://www.souka-abs.com/

　記憶力というのは「先天的な資質」ではない。誰でも手にすることのできる「テクニック」である。これをほとんどの人は知らず、「繰り返し覚える」というただひとつの方法にしがみついている。学校の先生も記憶法を知らずに教えているので記憶力＝頭が悪いと処理をしてしまいます、生徒は教科書を読み、書き写し、あるいはカードを書き溜めて頭に詰め込もうとしています。

　「これは本当にもったいない」と松井先生は訴える。記憶法にはいくつもの有効な方法があり「ストーリー法」「磁石法」「連結法」「転換法」などがある。

　松井先生はセミナーや講演でこのいくつかを披露し、大きな可能性を紹介する。このセミナーや講演を受けるだけでいきなり記憶力がアップし学校の成績が向上する人もいる。2日間のトレーニングを含めたセミナーも提供しており、「これで、皆さまの自分の脳力に自信を持ちます。勉強や仕事の成果が格段に上がります。脳

の使い方や記憶力が変わると人生も変わるんです」と語る。

　実は松井先生自身も「昔は記憶が苦手だった」という。アクティブ・ブレイン協会の記憶法に出会ったことで、人生が劇的に変わったという経験を持つ。

　学校の成績アップ、国家試験合格（特に医療関係）、脳を使った認知症予防、経営者や会社員対象の目標達成方法など、個々の目的に応じた記憶方法は、「脳の使い方 ひとつで、こんなにも簡単に記憶できるとは思わなかった！」「やればできるんだ。自分に自信が持てた！」と参加者が驚く。その反響の大きさに、再依頼が来ることも多い。

　第一線にいる人ばかりではない。現役から退いた高齢者の認知症予防にもなる。「高齢者の数が飛躍的に増えています。脳を鍛えることで、認知症を防ぎ、医療費アップを防ぎたい。若く生き生きした人が増えることで、日本の人材難も解消できます。前線に復帰することができるのです」と先生は推奨する。

　企業や学校・各種団体から招かれることも多く、人材活用、生産性の向上、競争力アップを実現し喜ばれている。

「多くの人に自信や希望を与えたい。
いきいきとした人生を送っていただきたい」
と先生は目を輝かせる。

著書
顔と名前を憶える本
（Kindle版）

松井講師からのメッセージ

　この素晴らしい学びを多くの人に、そして、企業、大学や塾、広めていきたいという思いで始めました。

　2020年から団塊の世代の方が後期高齢者になり始めます。
私の住む大分県は、健康寿命と平均寿命の差がとても大きい県でもあります。
　つまりそれは人にお世話になる時間がとても増えるということです。
そこで、みなさまの記憶力アップと脳を活性化することをお手伝いしたいと思いました。
少しでも生き生きした人生を歩んでいただける時間をお手伝いをしていき、県や施設での活動から始めて、より多くの方のお力になりたいと思います。

　脳を活性化することで、人生は変わります。
　脳の使い方で、人が変わっていき、企業が変わります。
　講演を通して、みなさまのお力になりたいと思います。

教育

矢萩邦彦(やはぎ・くにひこ)……株式会社スタディオアフタモード代表取締役CEO
実践教育ジャーナリスト・コンサルタント
知窓学舎塾長、教養の未来研究所所長

● アピールポイント／直接指導実績 15000人以上「受験指導」「探究型学習」「想像力教育」の第一人者。
● 1976年1月4日生まれ　神奈川県横須賀市出身

【時間と料金の目安／その都度、相談による】

■ 講演テーマ／豊かに生きるための教養・受験・探究心を爆発させる教育法、学校・塾選びと家庭学習

■ 最近のテーマ／「21世紀型スキルと教育法」「これからの中学受験」「想像力と創造的思考力」
■ 主な依頼先／全国の小中高大学、学習塾、国内の企業
■ マスコミほか主な活動／Yahoo!ニュース個人オーサー、LEGO®SERIOUS PLAY®メソッドと教材活用トレーニング修了認定ファシリテータ、グローバルビジネス学会・日本アクティブ・ラーニング学会・キャリアコンサルティング技能士会所属。受賞歴にイシス編集学校「典離」、Yahoo!ニュース「MVC (Most Valuable Comment)」、探究学習コンソーシアム「探究の鉄人」初代チャンピオン、フジテレビ「めざましテレビ」、tvk「佐藤しのぶ出逢いのハーモニー」、BS11「本格報道インサイドアウト」、TOKYO-MX「田村淳の訊きたい放題」、TOKYO FM「Blue Ocean」、RainbowTown FM「ママそら・こども未来館」他多数。
■ 著書名／『中学受験を考えたときに読む本』(洋泉社)

■ 連絡先／〒170-0005
東京都豊島区南大塚3-53-2　大塚タウンビル3階
(株)三楽舎プロダクション
TEL 03-5957-7783
FAX 03-5957-7784
mail hk@sanrakusha.jp

良本光代(りょうもと・みつよ)……………………子育てアドバイザー
ジール幼児教室代表

● アピールポイント／二人の息子を東大に入学させた経験をいかして褒め方、しかり方など、子どもを賢く育てるコツと適切な関わり方をお話します。
● 1960年5月27日生まれ　大阪市出身

【時間と料金の目安／その都度、相談による】

■ 講演テーマ／子どもを賢くする関わり方

■ 最近のテーマ／子どもを賢くする子育て方法
■ 主な依頼先／国内の企業
■ 著書名／『お母さんあの時学ばせてくれてありがとう』(ギャラクシーブックス)

■ 連絡先／〒170-0005
東京都豊島区南大塚3-53-2　大塚タウンビル3階
(株)三楽舎プロダクション
TEL 03-5957-7783
FAX 03-5957-7784
mail hk@sanrakusha.jp

和田秀樹 (わだ・ひでき)

精神科医　自身のクリニックも開業
株式会社和田塾緑鐡舎代表

●アピールポイント／心理学、教育問題、老人問題、人材開発、大学受験など多岐なフィールドで活躍
● 1960年 6月 7日生まれ　東京都文京区出身

時間と料金の目安／60分　50万円（東京近郊）

■講演テーマ／いつまでも活躍できる脳　経営に役立つ心理学、受験はやり方次第

■最近のテーマ／いつまでも活躍できる脳　経営に役立つ心理学、受験はやり方次第
■主な依頼先／企業、商工会議所、学校　教育機関
■マスコミほか主な活動／読売新聞土曜夕刊、BIG tomorrow、エコノミスト、YANASE LIFE　など
■著書名／『つかず離れずいい関係 (WIDE SHINSHO 248)』(新講社)『公立・私立中堅校から東大に入る本』(大和書房)『大人の感情コントロール (WIDE SHINSHO)』(新講社)『もうちょっと「楽」に生きてみないか (WIDE SHINSHO 246)』(新講社)『60歳からの勉強法 定年後を充実させる勉強しない勉強のすすめ (SB新書)』(SBクリエイティブ)『スマホが起こす「自分病」って何？』(WIDE SHINSHO 243) (新講社)『「すすむ路」がなかなか決められない人へ』(ゴマブックス) 他多数

■連絡先／〒170-0005
東京都豊島区南大塚3-53-2　大塚タウンビル3階
(株)三楽舎プロダクション
TEL 03-5957-7783
FAX 03-5957-7784
mail hk@sanrakusha.jp

医療・福祉

医療・福祉

かたおかのぶえ（かたおか・のぶえ）
腸もみセラピスト
腸もみセラピスト養成講師

●アピールポイント／腸もみセラピーを通して知り得た、腸と心とからだの関係を読み解く内容の講座を開催。
●1969年5月28日生まれ　京都市出身

時間と料金の目安／その都度、相談による

■講演テーマ／腸の仕組みを知り腸とからだ・腸と心の関係を自分に落とし込み、日常ケアに役立てる

■最近のテーマ／腸内環境を整える腸内細菌と仲良くなる講座・腸は心　心穏やかに過ごすための腸活講座
■主な依頼先／カルチャーセンター　鍼灸・漢方などの個人サロン、腸トレ協会

■著書名／『腸本来の力を引き出す腸もみセラピー』（ギャラクシーブックス）

連絡先／〒170-0005
東京都豊島区南大塚3-53-2　大塚タウンビル3階
（株）三楽舎プロダクション
TEL 03-5957-7783
FAX 03-5957-7784
mail hk@sanrakusha.jp

鎌倉誠恵（かまくら・まさえ）
一般社団法人ジャパンマドンナリリー協会　代表理事
人財育成トレーナー、医療接遇コンサルタント

●アピールポイント／人を磨いて輝かせる方法、医療人にフォーカスしたホスピタリティ人財の育成が得意。
●1968年9月4日生まれ　愛知県名古屋市出身

時間と料金の目安／その都度、相談による

■講演テーマ／医療接遇が医療の現場を劇的に変える／「この病院を選んで良かった！」医療接遇のちから／患者満足度が上がり離職率が下がる医療接遇とは／今すぐできる！患者が集まる接遇向上術

■最近のテーマ／接遇・マナー、食事で美肌をつくる、美肌食について
■主な依頼先／医療機関、大学・専門学校などの教育機関、官公庁、国内の企業、ライオンズクラブ他
■著書名／『美肌食検定 2級テキスト』（三恵社）

連絡先／〒170-0005
東京都豊島区南大塚3-53-2　大塚タウンビル3階
（株）三楽舎プロダクション
TEL 03-5957-7783
FAX 03-5957-7784
mail hk@sanrakusha.jp

篠浦伸禎 (しのうら・のぶさだ)

都立駒込病院脳神経外科部長
脳外科における覚醒下手術のトップランナー

● アピールポイント／医療の本質からスタートして現場で結果をだせる医療を篠浦塾で推進しております。
● 1958年生まれ　愛媛県出身

■ 時間と料金の目安／1.5時間　6万円〜10万円(応相談)
※土日および　金曜日　夕方6時以降のみ講演可能

■ 講演テーマ／自然治癒力を最大限に引き出す統合医療

■ 最近のテーマ／幸せに生きる脳の使い方
■ マスコミほか主な活動／テレビ東京「主治医が見つかる診療所」

■ 著書名／『脳にいい5つの習慣』(マキノ出版)『脳腫瘍機能温存のための治療と手術』(主婦の友社) 他多数　雑誌『PRESIDENT』『安心』『週刊文春』『名医50人』等多数

■ 連絡先／〒170-0005
東京都豊島区南大塚3-53-2　大塚タウンビル3階
(株)三楽舎プロダクション
TEL 03-5957-7783
FAX 03-5957-7784
mail hk@sanrakusha.jp

西川礼華 (にしかわ・あやか)

医師, Girl Power (一般社団法人日本女子力推進事業団) 専務理事
株式会社よしもとクリエイティブ・エージェンシー

● アピールポイント／年間1万人以上のお客様と関わり合うカリスマ女医ならではの経験をもとば"美容"への悩みを適切に解決。今すぐ何かを変えたいと感じている聴講者からは、講演を聴いた後、生活が一変し、新たな目標を持つことができ、すぐにでも行動したくなる講演と絶賛されている。河合塾東大現役進学部門にて、数学講師。進学指導を6年間担当し、約300名の生徒を東大や国立公立医学部などに現役合格させる。
● 神奈川県横浜市出身

■ 時間と料金の目安／その都度、相談による

■ 講演テーマ／中身からではなくお肌から変えよう

■ 最近のテーマ／皮膚科に関して専門知識から変えること
■ 主な依頼先／官公庁、一般企業、学校、地方行政など
■ マスコミほか主な活動／BSフジ「ブラマヨ弾話室」、TX「たけしのニッポンのミカタ」、TBS「ニュースキャスター」「王様のブランチ」「名医のTHE 太鼓判」
■ 著書名／『ケースメソッドによる公衆衛生教育第5巻』(篠原出版新社)

■ 連絡先／〒160-0022
東京都新宿区新宿5丁目18-21
電話　03-3209-8271
FAX 03-3209-8272
mail omakase@yoshimoto.co.jp
URL www.yoshimoto.co.jp

医療・福祉

加藤正広（かとう・まさひろ） ……… 加藤正広気功整体院院長

●アピールポイント／マッサージスクール講師、母校の東洋中国気功整体院院長などを経て、2008年加藤正広気功整体院をオープン。10年以上にわたり、全国の企業や学校で講演・セミナーを行っている。
●1973年10月11日生まれ　東京都出身

時間と料金の目安／1時間　5万円

■講演テーマ／心の健康と身体の健康について心と身体を結び付けて元気にさせる「気」のメカニズムと真の健康法についてを教える

■得意なテーマ／心と身体が輝く方法　心と身体を結びつけ元気にさせる「気」についての説明、参加者のバランス調整、心身ともに健康だったら何事もうまくいく、健康の先には何があるのかについて
■最近のテーマ／心の健康について、心のトラウマを取り除く、心をいかに前向きにしていくか
■主な依頼先／企業、学校、医療関係
■年間講演回数／年間15回

■マスコミほか主な活動／『高次のメッセージを伝えて悩みを解決してくれる33人』（三楽舎）
■講演実績／都内小学校、美容系企業　和歌山県熊野の寺院など多数：テーマ「心と身体の健康について」
■必要機材／ホワイトボード、マイクなど

■連絡先／〒151-0051
東京都渋谷区千駄ヶ谷5-15-13
千駄ヶ谷エレガンス1F
加藤正広気功整体院
TEL・FAX 03-6380-0167
mail sakura@katomasahiro-kikou.com
URL http://katomasahiro-kikou.com/

　強烈なパワーがある先生である。そのパワーの有無は、会った後の運気の向上で知ることができる。加藤先生にお会いすると、不思議なほど運がよくなるといわれている。先生の強力なパワーにより、理想の出会いがある、転職に成功する、成績が上がる、病気が改善していく……。悩みや願い事を抱えた人は、それらが叶うのはもちろん、期待以上の運気も手に入れることができるという。

　このパワーと人柄から整体院の予約はすぐに埋まってしまう。同じように講演の評判も高い。講演内容は多くの場合「病は気から」という話から始まり、衣食住において「どんな気持ちになっていると病気になるか」、また「どんな気持ちになれば病気が治るか」を実践を交えて伝えていく。

　すべてに関わってくる運気についての話も好評で「運気の創り方、使い方、溜め方について」を語る。自分で運気を創り出すことができるようになり、役立て方も

わかってくる。「人間関係の運気を上げたければハートの近くに運気を溜める。コミュニケーションに役立てるのであればのどの近く、金運を上げたい場合は手の平の一部に溜めます」（加藤先生）。このような、一生の財産となるような話を聞くことができる。気の流れを捉えることのできる加藤先生ならでは講演だ。

集中度の高い講義

参加者は皆「身体と心が軽くなった」と笑顔で帰っていくが、効果はそれだけではない。本人だけではなく、主催した会社の雰囲気までも明るくなる。先生によると「居合わせた方皆さんにエネルギーを送るので、そのパワーを取り入れて元気になるのです」ということである。

また、講演先の会社に留まっているマイナスエネルギーを取り除く。これは社員についても同様だ。「マイナスエネルギーがあるから、社員の不和、妬み、恨み、嫉妬が生まれます。これを会社からも人からも取り除き、ぽっかりと空いた場所にプラスのエネルギーを注入します」（加藤先生）。会社全体の祓いをして良い運気をめぐらしてくれると好評で、ほとんどの会社から講演終了時に、その場で次回の講演を依頼されるという。

体感しながら学んでいく

医療・福祉

坂本良行（さかもと・よしゆき） ……… 自然気力治療院院長

●アピールポイント／様々な症状に関係するストレスを解除する研究をし「気力治療」という身体の気力を改善していく方法を提唱。「気力治療で」多くの人の健康を改善している。
●1949年2月11日生まれ

時間と料金の目安／応相談

■講演テーマ／ストレスと病気の関係、気力を正常にすると自分自身で病気から回復できる

■得意なテーマ／ストレスと病気の関係、マイナス思考からプラス思考への転換、悩みやストレスへの対処方法、ストレスを生まない人間関係のつくりかた
■主な依頼先／企業、自治体、その他
■年間講演回数／年間数回
■マスコミほか主な活動／『この悩みにこのヒーラー・占い師・気功師46人』（三楽舎）『あなたの悩みの意味を教え運気を拓くベスト35人』（三楽舎）『高次のメッセージを伝えて悩みを解決してくれる33人』（三楽舎）

■講演実績／スピリチュアルメッセージフォーラム（三楽舎）
■必要機材／プロジェクター、スクリーン、PC（Power Point）、ワイヤレスマイク、演台

■連絡先／〒370-3522
群馬県高崎市菅谷町77-338
自然気力治療院
TEL027-372-3400 携帯090-3088-8986
mail shizenkiryoku@khh.biglobe.ne.jp
URL http://www.shizenkiryoku.com/

　医療費の高騰は個人の問題ばかりではない。国や自治体にとっても医療費の削減は極めて大きな課題となっている。企業にとっても同様だ。健康診断は義務づけられているし、企業規模によっては専門医を確保する必要がある。心の病気で社員を失っては、その損失は計り知れない。

　これに対し「病気にならないのが一番」と、坂本良行先生は指摘する。
整体師の世界では理論家として知られる先生である。

　現代人が病気になる最も大きな要因はストレスにある。例えば心配事があると胃が痛くなる。不満を持つと腰が痛くなる。これらを癒すにはストレスを解消すればいい、プラス思考になればいい。プラス思考になれば、運も開ける。いいこと尽くめであるが、これが簡単ではない。現代人は多くのストレスにさらされている。

ここに坂本先生の必要性がある。数十年の間、病気とストレスの関係を研究し、ストレスから多くの人を救ってきた。

　群馬県高崎市にある自然気力治療所はその拠点であり、全国から多くの相談者が訪れる。

　人間が本来持っている「気力」を整え、その結果、喘息、アトピー、鼻炎、花粉症、腰痛、その他慢性病から急性病まで効果を示す。講演ではこれら施術も公開し、講演後には控え室に行列ができるほどだ。

　「健康診断は病気を見つけるものではありません。健康であることを証明する手段です。社員が健康になれば、会社は明るくなります。企業の業績は確実に向上します」と坂本先生は訴える。

気力治療とは

気力治療とは、気で体を治すのではなく、体の「気力」を治療する方法です。
人間にはすでにいろいろな力が備わっています。
血が出てもそれをかさぶたにする力や風邪をひいた際に熱を出すなど、自分で自分の体を守る為の自然治癒力がすでに備わっているのです。
しかし、私たちが生活する中で感じる「ストレス」が体の気力を低下させ、症状や病気を引き起こします。
私はこの「ストレス」を解除する事を可能にした『ストレス解除治療』で患者様に治療を行います。
ストレスが解除されると、体に気が正常に入ってきます。
気が正常に入って来ると、気力が正常になります。
気力が正常になると自然治癒力が働き、病気を自分自身が治すのです。
気功と言われるものとは全く違います。
自然治癒力が「発揮」できるようにするのが当院の役目なのです。
皆さんの病気を治す自然治癒力のすばらしさを一度体験してみて下さい。
病苦から解放された普通の生活を取り戻しましょう。
アレルギーや内臓疾患、スポーツ障害・腰痛・肩こり
など様々な症状に効果があり、みなさんの日常でもどういう暮らし
心の持ち方をすれば良いのかを実演を交えてお伝えしています。
老人施設、企業、子どもの健康などすべてに共通する気力について
ぜひ体験しながら理解していただける講演をいたします。

医療・福祉

長谷川基裕（はせがわ・もとひろ）
BMBバランス療法士会
サロン音彩（ねいろ）代表

- ●アピールポイント／年齢を問わず、使える身体動ける身体を手に入れることができて生活が楽しくなる
- ●バランス療法、カウンセリング、周波数鑑定
- ●1941年11月19日生まれ　愛知県名古屋市出身

時間と料金の目安／応相談

■講演テーマ／脳バランス・脳トレ・身体の不思議

■最近のテーマ／脳バランス・使える身体、動ける身体を見つけよう
■主な依頼先／大同生命・福祉会館（天神山・笠寺・中村・八事・上前津・コミセン）

■連絡先／〒170-0005
東京都豊島区南大塚3-53-2　大塚タウンビル3階
（株）三楽舎プロダクション
TEL 03-5957-7783
FAX 03-5957-7784
mail hk@sanrakusha.jp

肘井博行（ひじい・ひろゆき）
エルボ・整骨院　院長

- ●アピールポイント／全国から治療家が習いに来ることで有名。痛みやしびれはもちろん、心の悩みも解消。
- ●1956年11月20日生まれ　福岡県飯塚市出身

講演 1.5 時間／応相談

■講演テーマ／治療目的の講演　人生の役立つ体作り　痛みや悩みからの解放

■得意なテーマ／治療目的の講演　人生の役立つ体作り　痛みや悩みからの解放
■主な依頼先／同業者からの依頼、福祉介護医療、その他団体
■著書名／『腰痛・首・肩の痛みを取る！一匠の技を持つ23人』（現代書林）『あなたを癒す[心の治療家]に出会う本 ―心身の悩み・不調を解消する10人のスペシャリスト』（現代書林）『むち打ち治療のゴッドハンドを探せ！交通事故の補償・保険・治療法がこの一冊ですべてわかる』（現代書林）『全国優良整骨院接骨院完全ガイド』（現代書林）『この悩みにこのヒーラー・占い師・気功師』（三楽舎）
■講演実績／同業者や福祉関係の団体から依頼されて実施。都内や関東近県、地方など全国で展開。

■連絡先／〒270-1176
千葉県我孫子市柴崎台1-7-5　司ビル1F
TEL 04-7183-6459
mail ホームページからお願いします。
URL https://elbo.jp

村上菜美子 (むらかみ・なみこ)

漢方薬専門医薬品登録販売者
NARD協会認定アロマインストラクター
漢方薬店　FOREST医薬品登録販売者

● アピールポイント／漢方薬専門の薬店を開設。漢方薬の他に、アロマ、ハーブなども扱う総合ケアサロンを展開。
● 1980年3月11日生まれ　東京都立川市出身

時間と料金の目安／その都度、相談による

■講演テーマ／やさしい薬膳＆漢方～東洋医学の知恵をもっと身近に～、妊活、アンチエイジング

■最近のテーマ／「使える」アロマセラピーを学ぼう(初心者、中級者向け)
■主な依頼先／東西薬局　中医アロマスクール　NHK学園オープンカレッジスクール

■連絡先／〒170-0005
東京都豊島区南大塚3-53-2　大塚タウンビル3階
(株)三楽舎プロダクション
TEL 03-5957-7783
FAX 03-5957-7784
mail hk@sanrakusha.jp

メイミ (めいみ)

漫談家、介護福祉士、港区登録手話通訳者
介護福祉漫談家、NPO法人笑顔工場理事長

● アピールポイント／介護福祉のリアルを漫談で伝えている。障害者福祉との関わりも深い。
● 1980年12月4日生まれ　福岡市出身

時間と料金の目安／1.5時間　15万円

■講演テーマ／笑って長生き

■最近のテーマ／笑顔の魔法～インクルーシブコミュニケーションで心のバリアフリーを～
■主な依頼先／東京都、市区町村、社会福祉法人、医療法人、ヤマザキパン　JA、学校法人、建設会社、信用金庫
■マスコミほか主な活動／NHK教育テレビ「一期一会～キミに聞きたい！～」、フジテレビ「忘文」、日本テレビ「24時間テレビチャリティーリポート」、朝日新聞朝刊、高齢者住宅新聞、シルバー産業新聞、シニアリビング新聞、日経新聞朝刊、スポーツニッポン、東京都政策企画局「未来ビジョン懇談会」

■連絡先／〒170-0005
東京都豊島区南大塚3-53-2　大塚タウンビル3階
(株)三楽舎プロダクション
TEL 03-5957-7783
FAX 03-5957-7784
mail hk@sanrakusha.jp

医療・福祉

吉野敏明（よしの・としあき）… 株式会社よしもとクリエイティブ・エージェンシー

歯学医師

- アピールポイント／日本における、歯周病原細菌検査を用いた歯周治療の第一人者。重度歯周炎患者からの歯周病原細菌の再現性の高い検出法を考案し「Yoshino-Method」として発表した。
- 岡山大学卒業、東京医科歯科大学歯学部歯科保存学第二講座（歯周治療学）入局。平成18年誠敬会クリニック歯周病インプラントセンター開設。
- 神奈川県横浜市出身

時間と料金の目安／その都度、相談による

■講演テーマ／清潔感・第一印象は口元から

■最近のテーマ／医学を通して伝えたい事
■主な依頼先／官公庁、商工会議所、一般企業、地方行政など
■マスコミほか主な活動／テレビ東京「主治医が見つかる診療所」「ワールドビジネスサテライト」、フジテレビ「とくダネ！」、日テレ「ザ！鉄腕！DASH!!」、TBS「バックエイジング・ショー」、シンガポール国営放送「Crown for the Kiecher」
■著書名／「健康でいたいなら10秒間口を開けなさい スマホやPCによる不調・病気に対処する」(PHP出版)「口元美人化計画」(ディスカヴァー・トゥエンティワン) 美容部門日本一取得

●連絡先／〒160-0022
東京都新宿区新宿5丁目18-21
電話 03-3209-8271
FAX 03-3209-8272
mail omakase@yoshimoto.co.jp
URL www.yoshimoto.co.jp

文化・芸能

文化・芸能

上阪 徹 (うえさか・とおる) …… ブックライター

- ●アピールポイント／3000人以上の取材経験。多くの成功企業の取材経験。100冊以上の書籍執筆実績。
- ●1966年5月11日生まれ　東京都世田谷区出身

時間と料金の目安／その都度、相談による

■講演テーマ／「うまくいく企業は何が違うのか」「うまくいく人は何が違うのか」「文章術」「取材術」

■最近のテーマ／「新興企業からビジネスのヒントをひもとく」「フリーランスで生きていく」「成功する経営者の共通項」
■主な依頼先／国内企業、会計事務所研修機関

■連絡先／〒170-0005
東京都豊島区南大塚3-53-2　大塚タウンビル3階
(株)三楽舎プロダクション
TEL 03-5957-7783
FAX 03-5957-7784
mail hk@sanrakusha.jp

江戸家まねき猫 (えどや・まねきねこ) … 寄席芸人(動物ものまね) 落語芸術協会会員　3代目江戸家猫八の娘

- ●アピールポイント／動物のものまねを織り交ぜながら、楽しい話芸をいたします。
- ●1967年10月31日生まれ　東京都中央区出身

時間と料金の目安／その都度、相談による

■講演テーマ／動物のものまね芸＆ワークショップ、江戸家猫八の話女性の芸人として寄席での生き方

■最近のテーマ／動物のものまね芸＆ワークショップ、江戸家猫八の話、女性の芸人として寄席での生き方
■主な依頼先／国内企業、地方自治体など多数

■マスコミほか主な活動／時代劇ドラマ「鬼平犯科帳」「剣客商売」など出演中央区コミュニティFMラジオ「江戸家まねき猫の猫ゴハン」出演中

■連絡先／〒170-0005
東京都豊島区南大塚3-53-2　大塚タウンビル3階
(株)三楽舎プロダクション
TEL 03-5957-7783
FAX 03-5957-7784
mail hk@sanrakusha.jp

神田山緑（かんだ・さんりょく）

講談師真打、中野区観光大使
東洋大学特別講師、講談協会真打

●アピールポイント／日本の伝統芸能である講談。テレビ・CM・ラジオ・学校教育などで活躍している講談師。
●1976年8月28日生まれ　東京都中央区出身

時間と料金の目安／その都度、相談による

■講演テーマ／「効果的な3分間スピーチ」「講談から学ぶ江戸文化」「講談入門編」

■最近のテーマ／講演中に講談を入れた「江戸の火事」はとバスのガイドの経験から『町歩きガイド』
■主な依頼先／内閣府、JOC、NHKカルチャー、郵政省、高島屋、三越明治乳業、中央区観光協会、中野法人会、ロータリークラブ、ライオンズ倶楽部、倫理法人会、東洋大学、明治大学、敬愛大学など
■マスコミほか主な活動／「効果的な3分間スピーチ」「講談から学ぶ江戸文化」「講談入門編」
■著書名／『講談で身につく　ビジネスに役立つ話術の極意』（つた書房）

■連絡先／〒170-0005
東京都豊島区南大塚3-53-2　大塚タウンビル3階
(株)三楽舎プロダクション
TEL 03-5957-7783
FAX 03-5957-7784
mail hk@sanrakusha.jp

久ちゃん（永田 久）（きゅうちゃん（ながた・ひさし））

チンドン屋の街頭巡回宣伝は
各地で大好評です
チンドン芸能社業務代表

●アピールポイント／チンドン太鼓はお客様を呼ぶ！
チンドン芸能社はあなたのお店を、街を、賑やかに盛り上げ一人一人のお客様に宣伝いたします。
●1965年6月14日生まれ　さいたま市出身

時間と料金の目安／応相談

■講演テーマ／街頭巡回宣伝

■最近のテーマ／街頭巡回宣伝

■主な依頼先／飲食店など

■連絡先／〒170-0005
東京都豊島区南大塚3-53-2　大塚タウンビル3階
(株)三楽舎プロダクション
TEL 03-5957-7783
FAX 03-5957-7784
mail hk@sanrakusha.jp

文化・芸能

小暮 剛（こぐれ・つよし）

料理研究家、オリーブオイルソムリエ
地域活性アドバイザー、コグレクッキングスタジオ代表

● アピールポイント／出張料理人として世界95ヵ国、日本全国を回った経験をもとに、分かりやすく心に残るお話をします。
● 1961年5月6日生まれ　千葉県船橋市出身

時間と料金の目安／主催者の予算次第による

■ 講演テーマ／「オリーブオイルで若々しく」「食で予防医学」「大人と子供の食育」「食で健康」「食で地域活性化」「子供の食育＆キャリア教育」「魅力的な飲食店のメニュー作り」

■ 最近のテーマ／「オリーブオイルで若々しく」「大人と子供の食育」「食で地域活性化」「ハラル対応のコツ」
■ 主な依頼先／官公庁、大使館、学校、地方自治体、公民館、食関係の企業、飲食店、介護施設、病院、ホテル
■ マスコミほか主な活動／テレビ「情熱大陸」「NHKあさイチ」他多数、著書メディア取材は海外含め多数
■ 著書名／『オリーブオイルかけるだけ』（マガジンランド）

■ 連絡先／〒170-0005
東京都豊島区南大塚3-53-2　大塚タウンビル3階
（株）三楽舎プロダクション
TEL 03-5957-7783
FAX 03-5957-7784
mail hk@sanrakusha.jp

　出張料理人、オリーブオイルのソムリエとして活躍中。
　テレビをはじめとするマスコミでもひっぱりだこの人気の料理人である。
　辻調理師専門学校卒業後渡仏し、リヨンを中心に料理の修行に励む。
　出張料理人・オリーブオイル研究家として世界でも認められ、95ヵ国以上を訪問。
　その腕前を海外で披露することも多い。
　「オリーブオイルでアンチエイジング」、「大人の食育」と題した講演や料理ショーも好評で2005年イタリア・シシリアの名門オリーブ園より、日本人初の「オリーブオイルのソムリエ」の称号を授与される。
　また、食を通して子どもから大人まで、人生の可能性を提唱し、人々を元気にさせていく講演は大好評である。

食を通して語る夢は希望を与える

生徒たちに交じり笑いある楽しい講演

食を通して気づきを与える

チャーリィ古庄 (ちゃーりぃふるしょう)
航空写真家
株式会社よしもとクリエイティブ・エージェンシー

● アピールポイント／世界一多くの航空会社の飛行機搭乗し、ギネス認定された航空写真家チャーリィ古庄が世界の飛行機・空港について分かりやすく解説します。
●「日本航空写真家4天王の1人」「世界一の飛行機おたく」「世界一多くの航空会社に乗った男」「世界一多くの空港を訪れた男」
● 1972年生まれ　東京都出身

時間と料金の目安／その都度、相談による

■講演テーマ／世界の飛行機ベスト3 ～チャーリィ古庄が選ぶすばらしい飛行機とは？～

■最近のテーマ／知りたい！お得なLCC ～格安エアラインLCCの魅力、メリット・デメリットとは？
■主な依頼先／一般企業、地方行政、学校など
■マスコミほか主な活動／日本テレビ「news every」「スクール革命」「笑ってこらえて！」、TBS「マツコの知らない世界」、テレビ朝日「タモリ倶楽部」
■著書名／『旅客機を見れば世界がわかる』(イカロス出版)
『世界のビックリ空港探訪記』(イカロス出版)
『絶景の空旅』(小学館)他25作品。

■連絡先／〒160-0022
東京都新宿区新宿5丁目18-21
電話　03-3209-8271
FAX　03-3209-8272
mail　omakase@yoshimoto.co.jp
URL　www.yoshimoto.co.jp

広部俊明 (ひろべ・としあき)
水中探検家 & 水中カメラマン
株式会社ブルーアース代表取締役

● アピールポイント／水中映像を中心に魚の生態、地球の歴史などを解説している。自由になる水中映像は日本1を誇る。

時間と料金の目安／1.5時間　20万円

■講演テーマ／水中遺跡から見る世界の歴史、水中探検家が切り取る○○市町村の風景、海の癒し、地球の歴史等

■最近のテーマ／水中を絡めた日本、世界の歴史、地球の歴史、水中生物の解説　海の癒し　写真の撮り方等
■主な依頼先／官公庁、教育機関、企業、イベント制作団体
■マスコミほか主な活動／出演　クレイジージャーニー、夢の扉、サイエンスZERO、海からのメッセージ、ザベストテン等撮影　報道ステーション、たけしのスポーツ大将、など報道からバラエティー多数　世界中の海を探検撮影、日本最大の海底鍾乳洞広部ガマ発見等
■著書名／『クマノミのおさんぽ』『体験ダイビングをやろう』『海の中の色』『人魚物語』『南極の風景』等多数

■連絡先／〒170-0005
東京都豊島区南大塚3-53-2　大塚タウンビル3階
(株)三楽舎プロダクション
TEL 03-5957-7783
FAX 03-5957-7784
mail hk@sanrakusha.jp

文化・芸能

福本 淳 (ふくもと・きよし)
盲目のシンガーソングライター、アーティスト
ピアノ弾き語り、ケーエスインターナショナル有限会社所属

● アピールポイント／弱視で生まれ手術を重ねるも 19歳で全盲となり音楽と共に歩む人生。ピアノ弾き語りと講演を交えた「トーク＆コンサート」の活動を主に行っています。
● 1970年 5月25日生まれ　大阪市出身

時間と料金の目安／1.5 時間　15万円

■ 講演テーマ／「小さな出逢いから」「目を閉じて、はじめてわかる優しさがある」「私にも見える笑顔がある」

■ 最近のテーマ／人権、生き方、夢・挑戦 芸術鑑賞
■ 主な依頼先／学校、幼稚園、国内企業 障がい者団体、NPO法人、イベントプロモーター

■ 著書名／CD「My Feelings」他

■ 連絡先／〒170-0005
東京都豊島区南大塚3-53-2　大塚タウンビル3階
(株)三楽舎プロダクション
TEL 03-5957-7783
FAX 03-5957-7784
mail hk@sanrakusha.jp

丸山貴史 (まるやま・たかし)
図鑑制作人
株式会社アードバーク代表取締役

● アピールポイント／大学を卒業してから一貫して図鑑の制作をしてきた図鑑制作のスペシャリスト。
● 1971年 9月11日生まれ　東京都杉並区出身

時間と料金の目安／主催者の予算次第による

■ 講演テーマ／「動物たちはこんなふうに絶滅していた!?」「ざんねんで、せつなくて、わけありな、いきもののふしぎ ～図鑑制作人というおしごと～」

■ 最近のテーマ／ざんねんで、わけありな、動物のお話　～強いものが生き残るわけではない進化の不思議～
■ 主な依頼先／地方自治体、学習塾、新聞社、幼稚園
■ マスコミほか主な活動／・『ざんねんないきもの事典』『わけあって絶滅しました。』などを執筆。・『せつない動物図鑑』『生まれたときからせつない動物図鑑』などを監訳。・『世界珍獣図鑑』『ゴキブリだもん～美しきゴキブリの世界～』などを編集。・『世界一受けたい授業』『ゴロウ・デラックス』などに出演。
■ 著書名／『わけあって絶滅しました。』(ダイヤモンド社)

■ 連絡先／〒170-0005
東京都豊島区南大塚3-53-2　大塚タウンビル3階
(株)三楽舎プロダクション
TEL 03-5957-7783
FAX 03-5957-7784
mail hk@sanrakusha.jp

山口由美（やまぐち・ゆみ）
旅、ホテルを主なテーマに活動する
ノンフィクション作家

●アピールポイント／海外の豊富な取材経験から、日本の観光、宿泊事情をグローバルな視点で俯瞰して語ります。

時間と料金の目安／その都度、相談による

■**講演テーマ**／観光、宿泊業に関する全般。海外のホテル事情、観光事情

■**最近のテーマ**／アジアンリゾートの建築家ジェフリー・バワ、世界の最新リゾート、クラシックホテルの楽しみ方
■**主な依頼先**／国内の企業、団体、銀行、旅行会社、大学、クルーズ船など

■**著書名**／『日本旅館進化論』（光文社）、『アマン伝説』（文藝春秋）、『世界でいちばん石器時代に近い国パプアニューギニア』（幻冬舎）、『箱根富士屋ホテル物語』（小学館）他多数

■**連絡先**／〒170-0005
東京都豊島区南大塚3-53-2 大塚タウンビル3階
（株）三楽舎プロダクション
TEL 03-5957-7783
FAX 03-5957-7784
mail hk@sanrakusha.jp

友紀（ゆうき）
スピリチュアルセラピスト
占いサロン・マリーゴールド豪徳寺

●アピールポイント／参加者の心を解きほぐす柔らかな雰囲気が魅力。集客力には定評がある。イベントなどで延べ1万人以上の 様々な職業の方々を鑑定。アメリカの天使博士ドリーン・バーチュー博士のワークショップに参加し、ATP(R) となる。西洋占星術やマルセイユタロットなども学び、占い業界に携わり、会社所属などを経て10年が経過。占星術やタロットなどをメインに 占いブースや電話鑑定、イベントなどで延べ1万人以上の 様々な職業の方々を鑑定。●東京都出身

時間と料金の目安／4時間　15000円

■**講演テーマ**／タロットカード、霊感・霊視、チャネリング、西洋占星術、東洋占い

■**得意なテーマ**／タロットカード、霊感・霊視、チャネリング、西洋占星術、東洋占い
■**最近のテーマ**／輪廻転生、未来世セラピー・前世セラピーメディテーション、ミディアムシップセラピー（天国にいる人やペットとコンタクトするセラピー）
■**主な依頼先**／イベント業界、Web業界
■**著書名**／『エンジェルセラピストが語る～天使との対話～マドンナリリー』（文芸社）『幸せタイムリー』（TRINITY WEB、不定期掲載）他大手電話占い会社にて「12星座占い」「タロット占い」「エンジェル」などの原稿執筆。

■**講演実績**／「癒しフェア大阪」「癒しフェア東京」（株式会社エルアウラ）、Ameba運営 SATORI 電話占い

■**連絡先**／〒154-0021
東京都世田谷区豪徳寺1-54-2
占いサロン・マリーゴールド豪徳寺
TEL 080-4893-8899
mail pearl@mymelody.jp
URL http://www.madonna-lilium-crea.com/

文化・芸能

本間貴史（ほんま・たかふみ）
一級建築士　東北文化学園大学 客員教授
株式会社本間総合計画代表取締役

● アピールポイント／日本全国各地のプロジェクトを手がけ、最近は上海を中心に海外プロジェクトも積極的に展開。日本や中国の人気リフォーム番組を筆頭に数多くのテレビ出演歴を持つ。
● 1966年4月18日生まれ　新潟県出身

時間と料金の目安／応相談

- ■講演テーマ／高齢者の住環境、住まいの劇的リフォーム設計、安心安全な住まいの耐震設計、暮らしを豊かにするリフォーム

- ■得意なテーマ／住宅の新築やリフォームに関するもの全般　耐震設計やSI（スケルトン・インフィル）、CM分離発注
- ■最近のテーマ／障害者の住宅リフォーム（自閉スペクトラム症、中途視覚障害、脊髄小脳変性症、筋ジストロフィー症など）　中小企業の海外進出
- ■主な依頼先／Panasonic、LIXIL、ダイキン工業、YKKAP、ミサワホーム、外務省（上海日本国総領事館、広州日本国総領事館）、厚生労働省、読売新聞社、朝日新聞社、北海道電力、東京電力、東北電力、中国電力、東京ガス、建築資料研究社、他、教育機関、公共団体、職能団体、一般企業、等
- ■延べ講演回数／日本／350回、中国／25回（2019年3月現在）
- ■マスコミほか主な活動／『TV出演は、大改造!! 劇的ビフォーアフターに8回、中国の人気リフォーム番組（夢想改造家）に3回出演するなど他にも数多くの出演歴
- ■著書名／『CMガイドブック第3版』（共著）　2019年夏頃、中国での著書出版予定
- ■必要機材／プロジェクター、スクリーン、ハンドマイク

■連絡先／〒981-0933
宮城県仙台市青葉区柏木1丁目3-12-111
株式会社本間総合計画
TEL 022-346-1388
mail info@hom-ma.co.jp
URL http://www.hom-ma.co.jp/

　国内で最も人気の建築家の一人である。テレビ番組「大改造！！劇的ビフォーアフター」に建築の匠として8回出演。本業の合間に全国で延べ300回以上の講演を行っている。『ペンパイナッポーアッポーペン』（PPAP）で有名なピコ太郎の実家（古坂大魔王さんの実家）や『ラーメンつけ麺僕イケメン』の狩野英孝さんの実家のリフォームも手がけ、それに関する講演も多い。「リピーターが多い。2度3度と招かれるケースが多くなりました」と本間先生は語る。
　海外（中国）でのTV出演や講演も増えている。講演依頼の数は国内からの依頼を逆転しそうな勢いだ。
　「イベントなり、セミナーの目的を理解して講演しています。啓蒙なのか、プロモー

テレビ・マスコミでも活躍

ションなのか。プロモーションの場合は、認知度の上昇や物販につながるように話にしています」(本間先生)。

リフォーム番組の出演が多いためか、リフォーム専門と思われているが、もちろん新築も手がける。講演では『木造スケルトン&インフィル』という持論を展開することも多い。今までの木造住宅は間取りに合わせて構造(骨組み)が造ら

中国講演

れてきたが、この造り方だと間取りの変更時にコストが掛かり過ぎ、費用対効果から建替えてしまっているのが現状だ。しかし、間取り(インフィル)と構造(スケルトン)を分けて設計することで、家の長寿命化と低コスト化を図ることができる。

同業者からも絶賛される講演内容

同業者が集まるセミナーも多い。「こういうときは気づきを与える内容にしています」と先生は語る。

耐震性の高い住宅も訴えている。単に建築基準法を守るだけでは耐震性の低い住宅設計になりがちだ。2016年の熊本地震でも2000年基準の新しい住宅が数多く全壊・倒壊した。先生はリフォームでも耐震等級3相当の耐震改修を推奨している少数派だ。セミナーでは壁量計算や耐震等級などの専門用語が出てくるが、これをわかりやすく聴衆に訴えるところに本間先生ならではの特長がある。

また、高齢者住宅をはじめ中途視覚障害者のための住宅、そして自閉症児を療育する住まい、交通事故被害者家族の住まいなど、福祉系住宅の設計に関する講演も行っている。福祉という重くなりがちなテーマだが、建て主さんに寄り添うポリシーから生まれた建築の実例をスライドを用いて分かりやすく解説する。

さらに、中学校・高校・専門学校・大学等、学生向けに職業観を持ってもらうため、「建築家という職業」という講演にも定評がある。

コストも耐震も、エンタテイメントも含めて語れる先生なのである。

※文化人としての側面で載せております。

内容の高さでリピートされる講演

文化・芸能

横澤和也（よこざわ・かづや） ……………… 石笛演奏家／音楽家

●アピールポイント／石笛（いしぶえ）のシンプルで個性豊かな吹奏で、国、宗教、老若男女を問わず石笛の音の響きを感じていただきます。
息吹（呼吸、奏法）によって、個々のエネルギーの振動を生み出し、共に共振した調和の世界を広げていく演奏を志しております。
● 1962年2月17日生まれ　長野県安曇野市出身

【時間と料金の目安】／1時間9万円

■講演テーマ／石笛の演奏・解説・呼吸法・実践、音の響きと身体の響き・呼吸と息吹の体験・御声の発声法、自分自身の御声の発見

■最近のテーマ／石笛の息吹、響きの世界
■主な依頼先／毎年の祭典、大祭奉納演奏。天河弁財天社、阿佐ヶ谷弁財天社、鏡神社、有馬稲荷神社、新島十三社神社、大徳寺、弥勒寺、鏡山弁財天社、京都祇園祭四条大宮にて奉納演奏、熊野本宮大社 奉納演奏、龍雲寺、枚岡神社、日ノ御碕神社、伊勢神宮外宮さま勾玉池にて奉納演奏等多数
■マスコミほか主な活動／健康誌『ゆほびか』雑誌『スターピープル 67 号』

■連絡先／〒170-0005
東京都豊島区南大塚3-53-2　大塚タウンビル3階
（株）三楽舎プロダクション
TEL 03-5957-7783
FAX 03-5957-7784
mail hk@sanrakusha.jp

吉田ルナ（よしだ・るな） ……………… ラブアンドライト代表／大阪よみうり文化センター他講師

●アピールポイント／心と体と魂の癒しと統合をテーマに、個人の潜在能力を引き出し活かすワークを行う。
●兵庫県西宮市出身

【時間と料金の目安】／その都度、相談による

■講演テーマ／個人として安心して生き、才能を社会で発揮し、社会貢献を

■最近のテーマ／人生解読、繁栄の法則、開運の秘訣、コミュニケーションの奥義
■主な依頼先／大阪よみうり文化センター・一般企業（スピリチュアル業界）
■マスコミほか主な活動／ほっとネットベイコムに出演 2017～2018 年

■著書名／『奇跡を起こす ILC ～ユダヤ教カバラの叡智と繋がる道～』（ギャラクシーブックス）、『神秘のタロット』（メイツ出版）他

■連絡先／〒170-0005
東京都豊島区南大塚3-53-2　大塚タウンビル3階
（株）三楽舎プロダクション
TEL 03-5957-7783
FAX 03-5957-7784
mail hk@sanrakusha.jp

ルビータロットカフェ代表
ルビー・L （ルビー・エル）…… 東京毎日文化センター・ヨークカルチャーセンター
手相教室等講師

●アピールポイント／ 20年近くの鑑定経験を持ち、鑑定人数は4万人以上。占断の高さでは定評があり、命術、卜術、相術を用いて鑑定する。イベント経験豊富で主催者からいつも満足の声をもらう実力派。イベントでの開運指導は、「良い時も悪い時も"切り替え"のためのヒントになる」と好評を博している。
●愛知県名古屋市出身

時間と料金の目安／1日 5～6万円（出張費・交通費別）

■講演テーマ／西洋占星術、アストロダイス、タロット、手相、風水
■得意なテーマ／「今よりもっと幸せに」
■最近のテーマ／イベント参加者に対する就活、婚活、妊活へのアドバイス
■主な依頼先／自治体、企業（不動産、保険、販売、化粧品、通信、アミューズメント業界など） 北区成人式鑑定（北区教育委員会）プラウド藤沢マンションギャラリー住宅相談・セミナー(野村不動産) マンションギャラリー住宅相談・セミナー（住友不動産）マンションギャラリー住宅相談（大和ハウス）占い教室（日本生命保険）占いイベント（NTTドコモ）化粧品会社ホテル催事 他多数
■年間講演回数／年間約24回
■著書名／『高次のメッセージを伝えて悩みを解決してくれる33人』（三楽舎プロダクション）

■連絡先／〒165-0024
東京都中野区松が丘1-22-1　パイニーヒル102
TEL03-3389-9389 携帯090-1674-9823
mail tarottoruby@yahoo.co.jp
URL http://www.ruby-tarotcafe.com/index.html
お問い合わせはLINEで　ID:tarottoruby1

文化・芸能

湯川れい子（ゆかわ・れいこ）
音楽評論家、作詞家、翻訳家
『オフィス・レインボウ』代表

- ●アピールポイント／昭和35年、『スウィング・ジャーナル』への投稿が認められジャズ評論家としてデビュー。早くからエルヴィス・プレスリーやビートルズを日本に広めるなど、独自の視点によるポップスの評論・解説を手がけ、世に国内外の音楽シーンを紹介し続け、今に至る。
- ●東京都目黒区出身

時間と料金の目安／応相談

- ■講演テーマ／「音楽で元気で幸せに」「音楽と健康」「音楽から見えてくる、過去・現在・未来」
- ■主な依頼先／民間団体・女性団体・企業・行政
- ■年間講演回数／10回
- ■マスコミほか主な活動／FM横浜 Music Rumble（木24:00～26:00）
レギュラー執筆誌：オリジナルコンフィデンス『音楽の旅』（オリコン）、婦人公論（中央公論新社）、The ELVIS（Elvis Presley 専門誌）
主な文化活動／日本作詞家協会顧問、日本音楽療法学会理事、(財) 水と緑の惑星保全機構評議員、(財) 化学物質評価研究機構評議員、(財) 2001年日本委員会理事、(公益財) せたがや文化財団理事、国際連合食糧計画WFP協

会顧問東京スクール・オブ・ミュージック専門学校他5校名誉会長　名誉会長

- ■著書／『エルヴィスがすべて』（ブロンズ社）、『湯川れい子の幸福へのパラダイム』（海竜社）、『幸福への共時性（シンクロニシティ）―もっと豊かにもっと健康に生きるための26章』（海竜社）、『幸福への旅立ち（マハーサマディ）―人生を完璧なものにするための20章』（海竜社）、『幸福になれる結婚―もっといい男（ひと）にめぐり逢いたいあなたへ』（大和出版）、『音楽力』（海竜社）※日野原重明共著、『湯川れい子のロック50年』（株式会社シンコーミュージック・エンタテインメント）

- ●連絡先／〒170-0005
東京都豊島区南大塚3-53-2　大塚タウンビル3階
(株)三楽舎プロダクション
TEL 03-5957-7783
FAX 03-5957-7784
mail hk@sanrakusha.jp

昭和35年、ジャズ専門誌『スウィング・ジャーナル』への投稿が認められ、ジャズ評論家としてデビュー。その後、16年間にわたって続いた『全米TOP40』（旧ラジオ関東・現ラジオ日本）を始めとするラジオのDJ、また、早くからエルヴィス・プレスリーやビートルズを日本に広めるなど、独自の視点によるポップスの評論・解説を手がけ、世に国内外の音楽シーンを紹介し続け今に至る。代表的なヒット曲に『涙の太陽』『ランナウェイ』『ハリケーン』『センチメンタル・ジャーニー』『ロング・バージョン』『六本木心中』『あ、無情』『恋におちて』などがあり、「FNS歌謡祭音楽大賞最優秀作詞賞」「JASRAC賞」「オリコントップディスク賞作詞賞」など、各レコード会社のプラチナ・ディスク、ゴールド・ディスクを数多く受賞。NHKで放映された手塚治虫アニメ主題曲『火の鳥』、WFP（国連食糧計画）支援のゴスペル曲『きずな』がスペシャルオリンピックス日本のサポート・ソングになり話題を呼ぶ。また、ディズニー映画「美女と野獣」「アラジン」「ポカホンタス」「ターザン」などの日本語詞も手がけている。近年は、平和、健康、教育、音楽療法などボランティア活動に関するイベントや講演も多い。2016年1月に80歳を迎え、音楽評論55年・作詞家50年を記念し史上初！コンピレーションCD「音楽を愛して、音楽に愛されて」洋楽セレクション（発売：ユニバーサルミュージック合同会社）「邦楽作詞コレクション」（発売：ビクターエンタテインメント）の2タイトルが発売された。また同タイトルで音楽との軌跡をたどる1冊として、『Special Issue 湯川れい子 80th 記念』ムック本が（ぴあ）より発売された。2018年『新版　幸福へのパラダイム』（海竜社）『音楽は愛』（中央公論新社）『女ですもの泣きはしない』（KADOKAWA）などの自伝が発売され話題を呼んでいる。

講演を
開催するにあたって

講演を開催するにあたって

講演会とひと口に言っても、実際は内容や規模はざまざまで、10数人で行う少人数の勉強会、20〜100人くらいのセミナーや研修会、そして300人以上収容の大きな会場で開催する講演会などいろいろなかたちがあります。

主催者は、規模の大小にかかわらず、しっかりとした開催の目的を掲げ、来場者に何を得てもらうのかを明確にしなければなりません。

昨今は、コミュニティ的な内輪のお話会なども開催されて、気軽なイベント要素の高いものも多くなっています。

しかしながら、お客様に足を運んでもらう以上、小規模なものであろうと、人数にかかわらずしっかりとした目的をつくらなければなりません。

講演会を開くにあたっては、たくさんの準備事項があります。

時間も手間もかかります。会場を借りて行う場合は、会場費などの費用もかかってきます。

だからこそ、きちんと明確な目的を持ち、予算・期日・会場・講演テーマ・講師を決めて開催することで、たくさんの人を集めることができるのです。

主催者側が団体ならば、団体の趣旨や活動目的に合わせて講演会を企画していくということです。

仲間が集まって作った小規模の勉強会では、目的があって集まったのですから、その目的を明確にさせて、参加者が何かしら持ち帰る内容を提供していくことが重要です。

つまり、講演会を開催することで個人や社会に対して何をアピールして、

何を伝えるか、それをはっきりとさせておくことを基本に置いてつくりあげることが重要です。

　企画段階で目的が明確でない講演会は、集客のアプローチも鈍るので、途中から苦労をしがちです。会場を埋める人数が揃わず、会場の変更も起きてしまうかもしれません。それにより準備や進行もスケジュール通りにいかず、大変な労力を要することになっていきます。

　ですから、最初の企画会議で目的を明確にしておきましょう。

　定期的に開催する講演会やセミナー、勉強会などは、主催者も参加者も同じようなメンバーで行われるため、マンネリになりやすいものです。

　そのため、回を重ねるごとにさまざまな仕掛けや工夫をしていく必要があります。講師は、得意な内容で常に進めがちなこともありますので、主催者側からの新しいテーマや方向性を提案して企画をブラッシュアップしていく必要があります。

　ほかにも、参加者に手渡す資料、使う機材の利用の仕方は講演テーマに合わせて、工夫することができるでしょう。

　参加者に満足してもらえているからと、毎回同じような内容になってしまっていると「また同じ内容をだろう」と参加者の方でも離れていってしまうことになります。

　時代は常に変化します。

　旬だったテーマもあっという間に当たり前となってしまい、魅力的な内容とはならなくなります。

　ですから、講演会は、その時々の最新の話題や流行、その時代を生きる人々の関心事をテーマに置き、開催していき、なおかつその講師ならではのテーマを出していきたいものです。

　人気の講演会とは、時代の先端を取り入れる催し物でもあることを念頭に置きましょう。そのため、主催者は、いつもアンテナを立てて、最新の情報を取り入れた講演会にすることを考えておく必要があります。

常に最先端の動向にアンテナを張り、講演会に反映させることを企画段階から心掛けておくことでマンネリ化を防ぎ、盛況な催しにすることができます。
　講演テーマの重要性を理解しておきましょう。次項では、テーマの選定方法について取り上げていきます。

講演テーマについて

　講演会は、講師とその講師が語る講演テーマによって、集客や成功の度合いが違ってきます。講演テーマが講演会そのものの成功を左右するといっても過言ではありません。
　講演テーマは広く多くの人が関心を持ちながら、なおかつ新しい時代性や社会で問題となっていることが求められます。
　「参加してよかった」「勉強になった」と、参加者のみなさんに喜んで満足していただけるためには、また、催し自体に興味を持って参加していただくには、どんな講演テーマにすればいいのかが決め手となります。
　では、どうやって講演テーマは決めればよいのでしょうか？
　講演テーマを決めるときに、考えることは次のようなことがらです。

<u>1. 主催する会や団体が世の中に発信していきたいと思っていること</u>
　その主催団体の活動趣旨や目的に合ったテーマがよいでしょう。また、特別開催のイベントでも同様に、そのイベントの趣旨や目的にからめたテーマを考えます。

2. 参加ターゲットの絞り込み

　参加者の年齢や性別、職業などターゲットを明確化します。これらは、主催団体や会の設立趣旨、活動目的とも関係してはいますが、実際、参加者の立場によって、興味や関心事は大きく異なってきます。

　そのため、参加者の対象をはじめにある程度、絞っておいた方が、テーマは決めやすくなります。

　絞り込んだ対象が、今一番知りたがっている関心事を考えテーマを決定していきます。

3. 最近のトピックスやトレンド

　インターネットやテレビ、雑誌などで話題になっているできごとや社会的な問題、その時々の最新トピックスやトレンド情報からテーマを選ぶことで、より注目が集まる講演会となります。

　切り口の鋭いテーマや考え方を披露する講演会、また、一歩先を行く考え方やコンテンツを、特別に公開するという形は人の興味をそそります。

　定期的な開催の場合は、その時点でのトピックスやトレンド、話題性を重視してテーマを決めるのも悪くはありません。

　参加したことにより、参加者自身がためになった、成長できると思わせる内容である必要があります。

4. 講師の特性・独特の体験からテーマを作る

　講師の特性や独自の経験がテーマになるケースもあります。
　①その講師でなければ語れない珍しいテーマ。
　②その講師の経験を踏まえた内容。
　③その講師の創造的な考え方をテーマにする。

　講師の特性に合わせたテーマにする場合は、その講師が経験したことが、参加者の人生にも大いに役立ち、ためになる内容でなければなりません。
　また、その講師が編み出した考え方やノウハウなどで右に出る人はいないというように、その講師ならではの内容にすることはかなり効果があります。
　特に、ビジネスの成功や生き方の分野などで、大きな壁を乗り越えた経験には、その講演内容を糧として自分自身の生活や仕事、ひいては人生をさらに豊かなものにしていくことができると、参加者から期待されます。講演を聴いた後、参加者が何かを得たと感じられたら催しとして成功したといえます。。
　ネットやSNSで話題になれば、主催サイドの知名度もあがるでしょう。回を重ねるごとに参加者が増え、人気の講演会になるでしょう。

講師を決めるポイント

　講演テーマと同様に、講師選定は講演会成功の鍵となります。
　今、話題の人やメディアで活躍している著名人・有名人は、当然のことながら集客力もアップするのでたくさんの参加者を呼ぶことができます。
　収容人数の大きな会場に参加者が埋まることは主催者としても開催した甲斐がります。

しかしながら、講演会の成功とはただ参加者が多ければ良いという単純なものではありません。
　一番大切なのは参加者が満足、そしてその方に役立つことではないでしょうか。
　つまり、内容のマッチングです。知名度によってたくさんの来場者が来ても、内容が薄ければ期待外れとなり次回は参加してくれません。
　そういう点で「中身のある話をしてくれる」「何かしらの満足を持ち帰ってもらえる」ならば、必ずしも著名人でなくても構わないのです。大事なのは、「今この参加者が望んでいるテーマであること」なのです。

1. 講師候補のリストアップ
　講師の選定には、まず、最初に決定した開催目的や講演テーマにふさわしい話をしてくれそうな講師をリストアップします。
　プロフィールや過去の実績を必ず見て、まずは講師本人をよく調べて知ることから始めます。また、身近に講演を聞いた人がいたら感想を聞いてみましょう。
　テーマ、講師の情報を元に想定される参加者ターゲットの求めるものを考え、講師が提供できるかを考えます。
　もし、この段階で、テーマが変わっていっても問題ありません。今一度、世に話したい内容を見渡すことで、新しいテーマも浮かんでくることでしょう。
　これは講師や派遣元との相談のなかでもどんどん変化したり明確になっていくでしょう。

講師候補は、最も呼びたい講師から順に、第3希望くらいまで絞り込みます。1人の候補では、断られたときに、速やかに対応ができなくなるので、複数の候補を立てとくと安心です。

2. 予算を考慮する
　どのような講演会でも予算は決められています。当然のことながら、講師への謝礼も予算に組み込まれます。予算内での講師依頼を前提に考えると講師候補の範囲が絞られていきます。

3. 講師選定の時期
　規模にもよりますが、講師は、遅くとも開催予定日の半年前には決定しておきたいものです。
　講演会の開催が決まったら、ポスターやチラシなどの印刷物の制作、インターネットでの告知や宣伝などによって参加者を募集する期間、会場の手配等の準備が必要となるからです。
　大きな会場や交通の便が良い会場、使用料が割安な会場ほど、予約が取りづらいこともあります。
　たくさんの集客を狙う場合はより長い集客期間が必要となります。
　また、人気のある講師やテレビで活躍している講師を招きたい場合は、講師本人が多忙であるため、さらに早めにスケジュールを押さえなければなりません。
　テーマや趣旨に合った講師を選ぶためには、できる限り早い時期から講師候補に依頼をすること、早めの選定が重要です。

スムーズに進む講師への依頼方法

　テーマに沿った講師候補が何人か決まったら、交渉に入ります。
　講師が決まるまでにも、いくつもの確認事項があるので、しっかりとした打ち合わせが重要となります。
　講師によってもやり方や進め方などが違うので、臨機応変な対応が必要です。最近では、電話番号などを公表していない講師はたくさんいます。
　事務所などを介する場合も、まずは、メールから交渉することが一般的といえます。

　交渉の基本的な手順は次の通りです。

<u>1. メールや電話で依頼をする</u>

　講師の候補が決まったら、まずはメールもしくは電話にて連絡をします。
　「講演を依頼したいのですが、ご検討いただけないでしょうか」「スケジュール等はいかがでしょうか」という講演依頼の旨と内容、参加者の対象や大まかな人数などの説明をします。
　講演会の詳しい内容を記載した企画書や講演依頼書などを求められますので、メールで送れる資料を作っておきましょう。

<u>2. 講演依頼書と企画書の作成・送付</u>

　メールの場合は、詳しい内容を求める返信があったら、作成した資料をメールに添付して送りましょう。
　講演依頼書と企画書は講師にとっての検討材料です。

企画書を渡すことで、講師側も催しの趣旨や目的や内容が明確になり、検討しやすくなります。そのため、内容がよく分かるように作成する必要があります。講師の中には専用申込用紙を準備していて、それに必須事項を記入して、送付するように指示されることもあります。
　企画書は何十枚といった分厚いものにするのではなく、読みやすく簡潔なほど、伝わりやすいといえます。
　まずは、以下のことをまとめてみましょう。
・主催者の情報　・開催の趣旨や目的　・講演会のタイトル　・講演テーマ　・会場名（最寄りの駅）　・日時　・参加対象　・参加者の予定人数　・講演料　・依頼した理由など
　これらを箇条書きにします。
　テーマはあくまで、最初の検討中の仮のテーマでも構いません。参加者のおおよその職業、職階など講師がイメージできるように書いておきます。添付資料として、団体や今までのイベントのパンフレット、これまでの活動実績（特に、講演会実績）なども送るようにします。

3. 再連絡
　メールの場合は、講師本人あるいはマネージャーなどの担当者からの返信を待ちます。数日経っても返信がない場合は、再度メールをしてみるのもよいかもしれません。
　郵送で資料を送ったなら、依頼書が到着したころに電話などで連絡をして、送付した資料の確認と検討結果を確認します。
　承諾のときは、細かい内容を講師本人あるいは事務所の担当者などと改めて、打ち合わせる機会を待ちます。打ち合わせは、事前の段階では、直接会う場合はあまりなく、主にメールや電話でするのが通常です。
　直接会って打ち合わせる場合は、まず、打ち合わせの日時を決めましょう。
　もし、断りの連絡があったときは、「またの機会にお願いします」と告げ

て、速やかに第2候補への交渉に移ります。

4. 講師との打ち合わせ
　打ち合わせは、次のことを確認します。
　・講演日時　・開催場所　・講演会の趣旨　・当日のプログラム
　・講演会テーマや講演内容　・講演時に必要な機材や備品
　・講演料金（金額と支払時期と方法）　・配布資料やレジュメの有無
　・書籍の販売の有無　・交通費、宿泊費の確認　・食事、懇親会の有無
　・チラシ、ポスター、インターネット告知広告制作（プロフィールや写真）
　・送迎の場所　など
　主催者は、講演内容の要望を伝え、内容やテーマを決めていきます。配布資料は、通常、事前にデータなどで受け取り、主催者側が印刷物にまとめますが、講師側で準備をするならば、そのことも確認します。
　著書やグッズの販売がある場合は、事前に会場に送付してもらうなどの手配が必要です。そのほかにも、会場のスペース、販売人員、必要な机の数、つり銭の準備、商品リスト・価格表、必要なものをチェックしましょう。
　会場によって、資料などの事前送付ができるところとできないところがあります。講師から事前に備品が送られてくる場合は、特に、何日前から荷物の預かりが可能かを会場を決定した際に調べておきます。
　会場の最寄駅や地図等の情報も、打ち合わせ時に講師に伝えます。

5. チラシ・ポスター・インターネット告知広告・プログラム等の確認
　講演会のチラシやインターネット告知用の講師プロフィールや顔写真を受け取ったら、告知広告を制作します。印刷したりインターネットにアップする前に講師に校正を依頼しましょう。
　インターネットのURLなどは、講師本人が講演前に告知に使用する場合があるので、念のため伝えておくとよいでしょう。

6.前日の確認連絡

　講演会前日には、出迎えの場所や時間等をメールや電話で確認します。前日までには、双方に不明な点がないようにします。

講演会当日のスケジュール

　担当者は待ち合わせ場所で講師より早めに待機して迎えます。講師が会場周辺の地理に不案内な場合は、最寄駅などに出迎えに行きますが、講師が特に送迎を必要としていない場合や、タクシーなどで来場する講師によっては、指定時間より早く到着する場合があるので、担当者は１時間ほど前に会場に待機しておくとよいでしょう。

　出迎えたら、控え室に案内します。控え室には飲み物の用意をしておきます。

　そこで、講演会の責任者や司会者等と引き合わせあいさつを交わします。

　当日になって、プログラム・進行に変更がある場合は、担当者が講師に伝えます。司会者は、プログラム・進行、講師紹介等のプロフィール確認を行っておきます。

　当日の配布資料を講師に渡します。配布資料については、講師の要望があれば、事前に郵送などで送付しておきましょう。

1.必要に応じて会場を案内する

　講師に確認して、希望した場合は会場を案内し、あらかじめ、会場を下見しておくことで講師も講演がしやすくなります。講演に必要な備品があれば、このとき、その最終確認もしておきます。

講演前の時間の使い方は、講師によっても違いはあります。1人でプランを練ったり、資料や備品等を準備したりする講師もいますが、控え室に1人でいると、放っておかれていると感じる講師もいます。
　接待係を配置して、講師の様子を見ながら必要に応じて、緊張をほぐすような会話をするなど、臨機応変な対応も必要です。

2. いよいよ講演開始時間に
　スタート時間が近づいたら、ステージの袖や指定の席へ誘導します。ステージの袖で待ってもらう場合は、いすを用意しておきます。
　演台の場合には、開演時刻までに、檀上にお水を用意します。
　数人が登壇する場合は、講演者が変わるごとに、担当者が水を変えたり、登壇者の背の高さに合わせてマイクの角度を変えたりもします。

3. トラブル発生！　定刻の開演が困難に
　当たり前のことですが、定刻に開演するのがベストですが、やむを得ず開演が遅れるときには、たとえば、電車などの事故で参加者の大幅な遅れが見込まれる場合や、開演間際になって多数の人が入場したため、受付が混雑して開演を遅らせる場合など、講師に伝えてから来場者にアナウンスしておきます。しかし、開演を遅らせるのは最大でも10分です。
　講演者の話をなるべくたくさんの人に聴いてもらいたい、大勢の人が途中入場するのは避けたいという主催者側の気持ちも、当然のことながらありますが、開演を大幅に遅らせることにより、会場の使用時間、講師や聴講者の帰りの時刻などにも支障が出てしまうため、かえって失礼なことにもなりかねません。
　講師や参加者が遠方から来場する場合は、事前に新幹線や飛行機のチケットを予約している可能性が高く、クレームの原因ともなることがあります。

終了時刻に変更がある場合は、終了時間がどの程度遅れるのかを明確にアナウンスして、新幹線の予約をしている聴講者には、先にお帰りいただけることもお伝えし、退席しやすいようにしましょう。

講演会のおわりにやること

まずは盛大な拍手を贈ります。

花束贈呈をする際にはステージ上で手渡すことで、ひとつのセレモニーとなります。

講演やセレモニーの終了後は、案内係が講師を控え室に案内します。控え室には飲み物やおしぼりなどを用意しておきます。

講演の責任者や担当者も控え室に行き、講演者にあいさつをしましょう。

この時点で、講演料を支払う約束になっていれば、担当者や責任者が支払います。

もし、著書の販売やサイン会などをする場合は、少し休憩をとり、サイン会の会場に案内します。司会者は事前にサイン会を行う旨を聴講者に伝えます。

講師の多くは、講演を終えるとすぐに会場を後にします。最寄りの駅までのタクシーなどの手配の準備をしておきましょう。見送りは、玄関など、講師が会場を離れる瞬間まで行います。少人数のセミナーや勉強会の場合などは、前もって講師のスケジュールをたずねておき、講演会終了後に懇親会を開くこともよいでしょう。講演会で聞けなかった話や質問ができるので、参加者の満足度も上がるでしょう。

多忙なため、懇親会などには参加できない講師もいます。懇親会や名刺交換会などを用意する場合は必ず、事前に打ち合わせの時点で確認します。

講演会の終了後、できれば1週間以内に講師にはお礼状を出しましょう。講演のお礼の言葉と主催者側の感想や参加者アンケートの結果などを知らせます。また、次の機会の講師のお願いを書き添えたり、講演会で撮影した写真を同封して送るのもいいと思います。これらは講師によってはメールでもかまわないでしょう。

講師謝礼の決め方

　講師謝礼は人によって違います。講師自身の決まった金額もあり、所属事務所の営業方針で決められていることもあります。

　多くの場合は過去の金額をもとに目安を考える人が多いのではないかと思います。

　講演会や主催者の趣旨などに賛同できれば、金額は問題ではないという人もいれば、どんな講演会であっても、金額によって、仕事を引き受けるかどうかを決める人もいます。

　また、主催者の条件に合わせたり、その都度相談によって決めていく人もいます。

　一方で、講演会の主催側には、決められた予算があります。会場費、資、広告・宣伝費、講師の謝礼。この中で、講師謝礼が占める割合は非常に大きいですが、そこだけに予算を割くと、講演会自体が成立しなくなります。当たり前のことですが、主催者側は、講演を依頼する時に、正直予算として出せる謝礼の金額を相手に伝えて、交渉したうえで打ち合わせに入る必要があります。

　毎回、同一金額で講演を依頼しているのであれば、そのことを話します。

　金銭的なことは、後になって、トラブルを招くことがあります。

講演料が低額の場合は、「先生のご提示の金額より低くなりますが、先生のお話を聴きたい方が大勢いらっしゃいます」と正直に伝えるのもひとつの方法です。講演の趣旨や参加の対象者、主催者側の思いなどを知ることは、講師にとっても大切なことです。

講師謝礼の渡し方

　講演料の支払い方には、現金を封筒に入れて手渡しする場合と、銀行振り込みをする場合の2種類があります。

　通常は、銀行振り込みが多いとはいえますが、講師によって希望が違うので、打ち合わせ時に前もって確認しておきます。

　講師が手渡しを希望する場合は、前述したとおり、講演終了後に控室などで封筒に入れたものを主催者側から手渡しします。

　銀行振り込みの場合は、あらかじめ、銀行名や支店名、口座番号、口座名義人を聞いておきましょう。主催者側も、組織によって、締日や支払日が違います。主催者側の支払い日でかまわない講師には、あらかじめ決まっている振り込み予定日を伝えておくといいでしょう。

　手渡しの場合は、領収書を講師から受け取ります。念のため、前もって金額を記入してある領収書を用意しておいて、住所と名前と捺印をしてもらうようにしておきます。講師謝礼が5万円以上の場合は収入印紙も必要となります。なお、場合によっては、交通費や宿泊費の実費精算を行うこともあります。

講師によって支払いの方法やタイミングもさまざまです。事務所名義の口座に振り込みをするケースや講師側が発行する請求書に対して振り込みをするケースなどもあります。

　支払いの方法などは、毎回必ず、打ち合わせの段階で事前に明確にしておきましょう。

交通費や宿泊費

　遠方から講師が来場する場合は、交通費だけでなく、宿泊費が発生する場合もあります。予算も、それらを含めて立てる必要があります。講師によっては、宿泊施設や交通機関に指定がある場合もあります。

　宿泊施設が必要な場合は、講師本人が取るのか、主催者側が手配するのか、新幹線や飛行機などの交通機関の場合は、チケットの手配はだれがするのかということを、事前の打ち合わせで明確にしておきます。

　主催者側が手配する場合は、チケットやQRコードは、事前に郵送やメールで講師に送る必要があるため、講演会の数日前に手配をしておきます。

依頼を断られてしまったときに！

　講師は、さまざまな理由により、依頼を断ることがあります。断る理由をはっきり答えてくれる人もいますが、ほかに理由があるにもかかわらず、スケジュールの都合や多忙を理由にしたりするケースもあります。

　もし、依頼を断られてしまった場合は、「またの機会にお願いします」と言って、速やかに次の講師候補を探しましょう。

　次回のときにはお願いできるように再度依頼する旨をつたえておくことは大切です。

たくさんの人を集めたい

　講演会は参加者が多ければ多いほど盛り上がる、成功したといえるものではありません。
　そうはいっても、会場の収容人数に対して、参加者が少なすぎると、講師にも申し訳ないですね。集客の予想と、収容人数を考えて会場を決めることは大切ですが、それ以上に、主催者は集客の努力をする必要があります。

　多くの人に知らせるには、インターネットやSNSでこまめに情報発信をすること、ポスターやチラシなどで告知したりするのもよいでしょう。

　講師を有名人にすると、講師本人の発信力や人気で集客力は上がります。ただ、前述したように、テレビで活躍する有名人の話＝参加者が聴きたい話ではなかったりするので、講演会の目的に合った講師を呼ぶことの方が大切です。多くの人が関心を持つテーマは、企画の立案段階から練っていくことが重要です。

　ただし、ネットが発達した現代では、一部の人にしか興味を持たれていないことでも、発信力次第で多くの参加者を集めることもできます。そのためには、イベントそのものの趣旨やテーマ、講師が話す講演タイトル等が一貫していることが最も重要といえます。

　また、講演会の開催をメルマガなどで告知する際は、短時間でメールが読めるよう簡潔にまとめること。チラシやポスターも、視覚的に分かりやすく作ることを意識し、数秒程度で内容が伝わるように工夫しましょう。

やってはいけない NG ポイント

講師も参加者も「いい講演会だった」と充実感を感じる会にするために、気を付けたいことをまとめます。

できる限り講師が話しやすい環境を整えることは主催者の役目です。
あらかじめ主催者側から参加者に呼びかけるべき注意事項と、その対処法をまとめます。

<u>1. 途中入場・退場</u>
会場への入退場は、講師にとって集中力を途切れさせる一因となります。だからといって講演中は入退場をすべて禁止することはできないので、入退場者が出たときは、目立たないようスタッフが誘導します。

<u>2. 携帯電話の着信・受信</u>
参加者には講演前に携帯電話・スマートフォンなどは電源を切るかマナーモードにするように促しましょう。万が一、通話を始めてしまう参加者がいたら、速やかに会場の外へと誘導します。

<u>3. 写真・ビデオ撮影・音声録音</u>
講演中は講師の許可なく写真・ビデオ撮影・音声録音をすることはできません。主催者が資料として撮影する場合も事前に講師に許可を取りましょ

う。聴講者による SNS への掲載についても、可否を確認しておきます。

4. 講演後は長く引きとめすぎない

講演後は、講師が速やかに帰宅できるよう配慮します。次のスケジュールが控えている場合もあるので、あまり長く引きとめるのはよくありません。参加者が呼びとめている場合も、タイミングを見計らっててていねいに対応しましょう。

こんなときどうしよう

最後に講演会当日に起こり得るアクシデントを解説して、講演会をよりよいものに導くコツをお伝えします。当日は、なにが起きるか分かりません。どんなことにも対応できるよう、できるだけ万全の準備をしておくよう、心がけましょう。

1. 講師が遅れている

天候不良や事故など突発的なアクシデントで、講師の来場が遅れている場合、①講演の開始時刻を遅らせる、②当日の進行プログラムを変更する、③到着までの代役を立てる。などの方法があります。

2. 質疑応答で、参加者から質問が出ない

　講演後、質疑応答の時間を設けたとき、質問が全く出ないと会場が気まずい雰囲気になることがあります。司会者は念のため、前もって質問を2～3用意しておき、スタッフや司会者がそうした際には質問をします。

3. 講演が終了時間を過ぎても終わらない

　多くの講師は、自分で時間の計算をしながら話をして、終了時間がくれば、話をまとめて講演を締めくくります。しかし、中には、時間が過ぎているのに、熱中して話し込んでしまう講師もいます。会場の退出時間や講師や来場者の帰りの電車の時間などにも影響します。担当者を決める際には、タイムキーパーも決めておきましょう。

　当日は、スケッチブックに太いペンで記入し、座席の後ろに控えたスタッフから「あと10分」、「あと5分」といったメッセージを講師に伝えましょう。

　このほかにも、不測の事態が起きないとも限りません。

　講演会の当日は、きちんと役割分担を決めながらも、臨機応変な対応が必要となります。

五十音順人名索引

あ行

明松真司	68		宇佐美吉司	102
足立基浩	22		エド・はるみ	119
歩りえこ	116		江戸家まねき猫	156
荒井　陵	116		大高智佳子	76
新井セラ	74		大塚万紀子	77
有賀照枝	100		大西友美子	77
安藤俊介	117		大橋直矢	30
生島清身	100		大畠崇央	70
池内ひろ美	117		大畑愼護	78
池谷裕二	68		小川晃平	23
池田整治	22		荻原順子	32
生駒雅司	101		小田純也	31
井﨑武士	69		小野真一郎	78
石尾　潤	118			
石川幸夫	134		**か行**	
石田　祐	101		風間正彦	79
出雲阿国	118		かたおかのぶえ	146
磯輪吉宏	74		片岡正美	79
一之瀬幸生	75		加藤正広	148
市村よしなり	28		金谷俊一郎	134
伊藤伸也	75		兼田龍洋	23
伊藤博之	69		鎌倉誠恵	146
伊藤康子	30		河合　敦	135
今井久美子	76		川上あきこ	103
岩崎順子	119		川口菜旺子	120
上阪　徹	156		河末正子	121
上野啓樹	102		川本孝宜	80
			神田山緑	157

五十音順人名索引

管野淳一	136		白河桃子	84
北場好美	80		甚川浩志	36
木村知佐子	81		新屋敷辰美	36
久ちゃん（永田久）	157		菅原智美	37
くどうみやこ	121		菅谷信一	37
工藤真由美	81		巣籠悠輔	70
倉渕栄生	34		鈴木　颯	138
ケン・ハラクマ	122		角田龍平	124
小暮　剛	158		瀬川文子	124
越野かおる	103		関根典子	38
小林　孝	135		瀬地山　角	84
小林敏之	123		園田博美	85
小林秀敏	138			
小室淑恵	82		**た行**	
小山佐知子	82		田尾和俊	38
近藤由香	83		田頭孝志	106
			高杉'Jay'二郎	107
さ行			髙田尚恵	125
斎藤元有輝	35		高橋秀仁	39
坂本良行	150		髙橋理理子	85
佐川京子	104		高原祥子	86
佐藤隆嗣	104		高安千穂	86
佐藤亮介	105		田川拓麿	87
讃岐峰子	105		瀧井智美	87
篠浦伸禎	147		滝沢雄太	88
柴田佐織	83		たけだバーベキュー	125
清水　豊	35		竹原信夫	39
上東丙唆祥	106		竹森現紗	126

五十音順人名索引

タック川本	44
谷　厚志	40
谷田優也	71
田村優実	88
田矢信二	44
チャーリィ古庄	159
出口アヤ	107
道志真弓	126
戸内順一	108
藤間秋男	45
豊田剛士	108
鳥巣智嗣	46

な行

中島正明	127
中田仁之	48
永田瑠奈	89
中野寛成	24
奈佐誠司	127
新島 哲	89
西上逸揮	109
西川礼華	147
にしだかなこ	128
西田淑子	52
二宮恵理子	52
二瓶美紀子	90
野崎友璃香	128
野澤直人	53
野村直之	71

は行

橋本久義	24
長谷川基裕	152
秦　明雄	129
浜田紗織	90
林久美子	25
林　忠之	129
パラダイス山元	53
原田武夫	25
番匠智香子	109
比嘉華奈江	91
樋口智香子	56
肘井博行	152
平間由紀子	91
広部俊明	159
福田剛大	54
福本　淳	160
藤岡聖子	110
藤原和博	139
藤原千晶	92
プロギャンブラーのぶき	54
星野　宏	92
堀江咲智子	93
本多志保	55
本間貴史	162

五十音順人名索引

ま行

前野隆司	93
松居 和	139
松井達治	140
松尾羽衣子	94
松久晃士	94
丸山紀美代	95
丸山貴史	160
三根早苗	55
宮﨑結花	95
村上菜美子	153
村上健太	96
メイミ	153
毛利公一	130
茂木久美子	58
目代純平	110
望月 優	59
本山千恵	60
森田美佐子	130
森有希子	122
森透匡	62

や行

八倉巻恭子	111
安本貴子	111
矢萩邦彦	142
八巻理恵	61
山口由美	161
山崎秀夫	72
山下清徳	96
山下典明	97
山田誠二	72
山田芳照	112
山水治夫	131
友紀	161
湯川れい子	166
横尾将臣	112
横澤和也	164
横田幸恵	97
横山真衣	98
吉田拓真	98
吉田真理子	113
吉田ルナ	164
吉野敏明	154

ら行

良本光代	142
ルビー・L	165

わ行

渡辺 実	26
渡邉英理奈	61
和田秀樹	143

最新決定版!!
この実力講師・講演家200人情報源

2019年5月18日　第1刷発行

発行所　㈱三楽舎プロダクション

〒170-0005

東京都豊島区南大塚3-53-2　大塚タウンビル3階

電話：03-5957-7783　　FAX：03-5957-7784

発売所　星雲社

〒112-0005

東京都文京区水道1-3-30

電話：03-3868-3270　　FAX：03-3868-6588

印　刷　所　モリモト印刷

装　幀　　Malpu Design（陳湘婷）

DTP制作　アライブ

万一落丁、乱丁などの不良品がございました際にはお取替えいたします。

ISBN978-4-434-26029-2 c 2034